U0902937

我陪你长大，你陪我成长

李玲——著

江苏凤凰文艺出版社
JIANGSU PHOENIX LITERATURE AND ART PUBLISHING

图书在版编目（CIP）数据

我陪你长大，你陪我成长 / 李玲著 . -- 南京 : 江苏凤凰文艺出版社 , 2022.11

ISBN 978-7-5594-7088-1

Ⅰ . ①我… Ⅱ . ①李… Ⅲ . ①家庭教育 Ⅳ . ① G78

中国版本图书馆 CIP 数据核字（2022）第 144735 号

我陪你长大，你陪我成长

李玲　著

责任编辑　王昕宁
策划编辑　李　根
特约编辑　连　慧
装帧设计　三形三色
责任印制　刘　巍
出版发行　江苏凤凰文艺出版社
　　　　　南京市中央路 165号，邮编：210009
网　　址　http://www.jswenyi.com
印　　刷　三河市兴国印务有限公司
开　　本　880毫米 ×1230毫米　1/32
印　　张　8.5
字　　数　175千字
版　　次　2022年 11月第 1版
印　　次　2022年 11月第 1次印刷
书　　号　ISBN 978-7-5594-7088-1
定　　价　49.80元

前言

给好友打电话，正说着话，电话里传来她两个月女儿“啊啊”的说话声，心如同触电，又像被融化，酥酥的，软软的，真想奔过去抱抱小宝贝。

总觉得养育孩子对女人来讲是会上瘾的，不信你看看那些当了奶奶或者姥姥的女人，她们抱起婴儿时，眼神中那无限的柔情。

那是岁月和时光都无法剥夺的记忆，就在臂弯中，就在骨髓里，就在永远不能忘记的心田间。

记忆的唤醒，向来都是猝不及防的，就像我听到朋友女儿的“啊啊”声，那种心中柔软成一朵云般的感觉就是记忆的苏醒啊！

完成这本书，就是一个记忆苏醒的过程。

儿子九岁了，好像就是一眨眼的事情，也曾很多次在心里默默地想：“宝贝，你慢点长大，慢点长大！”但岁月如梭，光阴似箭，从青丝到银发也不过是转眼间的事情，更何况是养育孩子的几年呢！

所以，特别感谢文字记录这种方式，因为在某个片刻，我将那一瞬间的发生和感动都记录下来，才有了一个可以穿越时空回味当时感受的机会。

虽然只是短短的几年，再看这些记录孩子成长的文字时，很多记忆却都已经模糊了。在完成这本书时，我会常常停下来，去想一想那个时候的场景，那个时候的儿子，那个时候的自己。有些能够想起，但有些已然是模糊了。模糊了也好，像是看别人的故事，会有另一番感受。

但依然是非常感谢这些记录的。很多迷茫与错误，就是在记录的过程中，不断地反思修整的。我只养育过这一个孩子，之前没有经验，虽然不断地读书学习，但是真正实践起来的时候才发现，真的是自己才能做自己孩子的育儿专家。每件事情，看似差不多的表现背后，其实都有着更丰富的不同，生搬硬套永远不是解决之道。知道了一些理论，实际上就要更加不断地反思与探索了。

我在养育孩子的过程中，很多迷茫、很多不知所措，很多犯下的错误，其实都是在记录的过程中能够得以及时地总结、思考的，在接下来再遇到此事时，会有所觉知，会做得好一点。

是的，育儿不是一个容易的过程，这个不容易，不仅仅在于对孩子的付出，更在于对自己内心的超越。

每当陷入无所适从的时候，有一句话很能激励到我："享受快乐和轻松，是每个人都愿意的，但是不离不弃的陪伴，却是母亲这个角色的专属。"所以有时候想，母亲是什么？母亲就是来陪孩子走过一些难走的路，克服一些难克服的困难，并把这些精神传递给孩子的角色。这么想时，就特别感恩自己的母亲，她也是这么陪我走过的，我依着她的给予，再给予我的孩子。力量是一种传递，难道不是吗？

我在书中也写了一些其他孩子、其他家长的案例。这得益于我工作的经验，大概从 2002 年，我更多地关注孩子成长与家庭教育的相关领域，在一些媒体，都写过此领域的稿件，也采访过很多家长，他们的故事被我变成文字，成为我育儿的一种参考和反思。

另外，我特意提炼了一些家教锦囊，对于这些家教锦囊，不要把它当成是最后的标准，它呈现的意义，在于我们看到一个方法，我们试着去做，在做的过程中，去发现更合适的、更符合自己和自己孩子情况的东西，这是一种借着路去找路的过程。我相信，大家一定可以找到，因为养育孩子让母亲有这种意愿，有这种责任，也有这种动力和创造力。

向所有用心育儿的母亲致敬！我们终将发现，孩子是生命中最珍贵的礼物，我们养育孩子长大，而孩子则陪伴我们成长。

目录

第三章 尊重孩子的成长节律

第四章 点亮孩子的内在力量

第五章 送给孩子的独立礼物

第六章 支持孩子关键时刻的需求

第七章 向左走，向右走

第一章 修通爱的管道

既然孩子的成长是种必然，父母的行为就需要去助力孩子的成长。而要想很好地助力孩子，父母首先要做的是，能够理顺自己，认识自己，如此才能避免以爱的名义，成为孩子的阻力。父母需要聆听自己的人生使命，也需要聆听孩子的人生使命，才能找到彼此温暖、彼此成就的点。

我愿意跟随你，去到美好丰富里

感冒咳嗽，浑身没劲，待在家里不想动。接近中午，才想起今天是老公的生日，于是打电话想要订个蛋糕，却被告知第二天才能送到。

有点失望，但考虑到儿子对生日蛋糕的痴迷，最终还是下了订单——生日蛋糕赶不到生日，但至少是买了个蛋糕。

在接儿子回家的路上，我说：“今天是爸爸的生日，你记得祝他生日快乐哦！”

儿子听了，立马激动地喊道：“爸爸过生日呀！那有生日蛋糕吧？”

“很抱歉，蛋糕要明天才能送到。”我说。

“明天怎么行？爸爸的生日是今天，过生日得有蛋糕呀，还要有蜡烛，我得给他唱生日歌，祝他生日快乐呢。要不，我们去蛋糕房买一个吧！”

“可是，我已经下订单了呀。”

“可是，今天是爸爸的生日呀！”他很坚持。

被他认真的样子打动，我怎么好意思告诉他，生日蛋糕在我心里只是个可有可无的形式呢？

曾经，我对生日蛋糕不是也充满着无限的热望吗？总觉得在点起蜡烛的那一刻，无比梦幻神圣。

只是，时间流逝，童趣和浪漫都渐渐黯淡了，觉得过生日应该有个生日蛋糕，但也只是形式上应该而已。

“好吧，那我们去蛋糕房。”这么说时，我依然浑身无力。不过话一出口，却觉得平添了很多轻松。儿子开心地蹦了起来。

周末的傍晚，华灯初上的城市，路灯映衬下的树叶通透漂亮，车水马龙的道路上，几个并排走着的年轻人，脸上流露着周末来临的欢愉……感冒带来的不适竟然被抖落了大部分，我的步履越来越轻松，心情也越来越欢快。

推开蛋糕房的门，香甜的味道扑鼻而来，反射着温暖灯光的洁净橱柜里摆放着各式甜点，端着托盘的客人在排队结账，小小的店面显得有些拥挤，却更加热气腾腾。

到厨房窗口取蛋糕，烤箱热烘烘的气息时不时扑到脸上，戴着高高的洁白的厨房帽的两个姑娘，在很用心地为蛋糕挤奶油花、摆放水果装饰，动作娴熟而专注。

我想起韩国电视剧中的那个乐观的敢爱敢恨的金三顺，有点童话色彩的爱情故事便又在脑海里播放。

旁边的餐桌上，一位妈妈带着女儿，在一小口一小口地品着抹茶蛋糕。同样是吃食物，慢慢细品带来的不仅仅是美味，还有不急不缓中流露出来的从容优雅。

蛋糕店的电脑出了些问题，结账的时间拖延了 20 分钟，店员一个劲儿地道歉：“不好意思，麻烦您等等，让您久等了！”我微笑着说没有关系，说真的，一点也没觉得久。

的确，当身边的人、事、物在心间缓缓流动时，等待便不是急躁，而是成了一种享受。

低头迎来儿子的目光，带着一睹如何做蛋糕的满足感。他冲我笑了。

我蹲下来，轻轻地拥抱了他，这个时而吵闹到让我头痛，调皮到让我崩溃的小人儿啊，是你，一次次带给我幸福温暖，一次次救赎我于平淡枯燥的生活，让我不得不随着你无限的活力和轻快的步伐，去到生活的丰富与有趣里。

法国童话《小王子》里说：“仪式感就是使某一天与其他日子不同，使某一时刻与其他时刻不同。”

美国心理学家托马斯·摩尔则认为，当举动是出自情感，而不仅仅是需要时，某种仪式感就产生了。

我确信，这一刻，在内心油然而生的耐心与淡定，以及对周围平凡而美好的一切的感动，于我来讲，就是一种重要的仪式感了。

店员带着微笑将包装精美的蛋糕递到了我手里，儿子开心地伸手摸摸蛋糕盒，仰着小脸问我："妈妈，爸爸现在到家了吗？"

显然，他在期待下一个仪式了——一个在他心里温暖庄重而重要的仪式。而我，也在他的带领下，开始对接下来的生日祝福充满了期待。

爱与温暖，总是存在于不经意的小事中。只是很多时候，我们失去了感受它的能力，如果身边能够有一个人，经常拉着我的手，让我穿过敷衍与粗糙，走进爱与温暖里，这是多么幸运的一件事。

我心中反复涌动一句话："谢谢你，亲爱的宝贝！"

家教锦囊

1. 慢下来：急躁匆忙中，我们是无法真正体会到孩子的世界的，只有慢下来才能体会到育儿的美好和幸福。不妨每天拿出十分钟，全心全意地与孩子对话，去感受孩子眼中的世界。

2. "变成"小孩：把自己想象成是孩子的小伙伴或者想象成自己是孩子，去看周围的事物，去感受孩子是怎么想的，渐渐地，你会有跟平时完全不一样的感觉。

宝贝，妈妈所做的一切并非都是为了你

作为妈妈，很多时候，我们会禁不住认为，我们所做的一切都是为了孩子。

当我们被这个想法遮住眼睛时，我们便分不清是自己的需求还是孩子的需求了。

当我们误将自己的需求当成孩子的需求时，我们不但看不到孩子的真实需求，而且会因为孩子的“需求”不符合我们的期待而失望、愤怒……

前一阵参加的一个连续五天的培训，对我这个工作时间相对自由的妈妈来讲，是与两岁半儿子经历的第一次连续的、长时间的分离。

从培训前一天下午开始，我的情绪就开始低落，其中混杂着愧疚、不舍、焦虑……

历经一天忙碌培训后的回家路上，我的脑子里浮现着见到儿

子的各种画面：

他正在玩玩具火车，一见到妈妈，就放下火车张开双臂跑过来，一边跑，一边奶声奶气地喊着“妈妈，妈妈”；或者，我一坐到沙发上，他就趴到我的身上，我把他抱起来，他柔软的小胳膊环绕着我的胳膊，小脸颊贴着我的脸，任谁叫也不肯离开我的怀抱；再或者，一见到我就要吃奶，坚持母乳喂养到两岁半，这可是我作为母亲的骄傲……

用钥匙开门的瞬间，我的脸上一定是绽放着微笑的，那微笑是为那些我想象中与儿子分别一天后重逢时的场景准备的。

“宝宝，妈妈回来了！”我喊着话进屋，却不见儿子的身影。

母亲说：“在卧室听他爸爸讲故事呢！”

我于是赶快去卧室，却发现儿子正跪在爸爸身边，爸爸则捧着绘本津津有味地为儿子读书呢！见我进来，父子俩都只是抬头看看，然后又投入到他们的故事中去了。

我没再多说话，不打扰正在读书的儿子，是我们家不自觉地形成的一个契约。

但心里多少有些不舒服——至少，他应该热情地喊声“妈妈”呀；都分开一天了，他应该想妈妈呀！

我又看了两眼儿子，他依然沉浸在故事中。我于是离开卧室，去换衣服洗手，帮父母做饭，不知不觉，二十多分钟就过去了。当我再到客厅时，儿子已经在客厅中央搭火车轨道了。

我像是被非要证明什么的力量驱使着，走到儿子面前，蹲下去问儿子：“宝宝，想妈妈没有啊？”

“蒸汽机车开走啦！”玩得正高兴的儿子回应我。

“你想妈妈没有啊？”我显然对这样的回应不甘心。

儿子依然不回应这句话，接着说：“马上到火车站了！”

“哦，到火车站了……妈妈问你，你想妈妈了吗？”我继续问道。

“想啦！”儿子一边“呜呜”地玩着火车，一边心不在焉地回答。

“哪里想啦？”我越发地不甘心。

我渴望他像平时那样，拍着小胸口说：“这里！”然后，再拍着小脸说：“还有这里！”

每当这时，做母亲的幸福就像一根藤，从心中一直向上攀缘……

但这一次什么都没有发生。儿子的心思都在小火车上呢，他嘴里“呜呜”地嘟囔着，小身子转过去顺着轨道的方向“扬长而去”，留下怅然若失的我蹲在那里。

我带着些许的不快起身，心想：“哼，人不大，心眼倒不少，一天不陪他，他对我有意见，所以在用冷漠呼应我呢！”我掩饰着内心的失落，又回到了厨房。

我急匆匆地赶回来，不就是担心他想我吗？他却连热情地叫声“妈妈”都不肯……

“妈妈，你看蜗牛！”正在我沉思的时候，儿子进来了，手里拿着一本绘本，仰着小脸，欢快地对我说。

接下来发生的一切，都像是我今天不曾离开一样：

我弯腰看他的绘本，他指着问这问那；我抱着他给他洗手，他不乐意，在我怀里挣扎；他把小餐凳拉到桌边，我抱他上去；他想在餐凳上摆个火车，让我帮他拿。然后，我们开始吃饭，一起玩耍，讲会儿故事，睡觉……

我也终于能安静下来，梳理一下自己刚才的各种情绪了。端详着他安详的小脸，我忽然意识到，那些澎湃在内心的期待、猜想，原本都是我自己的，与儿子没有半点关系。

从孩子的表现来看，他对妈妈离开一天，其实并没有太大的情绪反应，他与姥姥、姥爷、爸爸过得也很开心，所以，当妈妈回来时，他不需要那么夸张地去表达情感，他只是按照自己的节奏在做他想要做的事情。

这样的认识，让我调整了对儿子的态度。

在接下来的几天培训外出中。我虽然也会沉浸在与儿子相见时的想象中，但我都不忘了告诉自己一句："这只是我想的，谁知道这小家伙什么反应呢！"

这样一个小小的对自己的提醒，能让我更坦然地面对儿子的反应。他可以热情地迎向我，也可以对我爱搭不理，这些我都觉得是正常的。当然，我也可以有自己的需求，前提是我知道这是自己的需求，于是我便用商量的口吻提出："过来让妈妈抱抱可以吗？"

他可能会拒绝，也可能会顺从。但无论哪一种，我都更能尊重和接受了。因为是我在向他提出我的需求，他当然可以拒绝或接受。而不会像第一天那样，我提前在心中预设他的需求了。我也没有那么多的失望了，我知道，我的很多需求不是为了孩子，而是为了自己。

作为成年人，我在一个孩子面前实现自己的需求时，考虑孩子的感受当然是必须的了。

作为母亲，我们太容易理所应当地认为“一切都是为了孩子”。

当我们执意让孩子添加衣服的时候，我们觉得是为了孩子好，但实际上，是因为受不了孩子感冒了给我们增添的麻烦。如果真为了孩子，或许就觉得少穿一次衣服没什么大不了，他可能会因此感冒一次，但却极大地丰富了他对温度变化的感受，也实现了自己的一次选择权；

当孩子不愿意与人说话时，我们会“逼着”孩子叫“阿姨”“叔叔”，表面上我们是为了孩子有礼貌，为孩子助长勇气，实际上，是我们需要面子，想要通过孩子来满足。如果真为了孩子，我们会给孩子怕生的权利，让他在妈妈安全的呵护下，渐渐地认识世界……

很多时候，真的不是一切为了孩子。千万不要以爱的名义，强加自己的需求给孩子，并美其名曰：“为了你……”

家教锦囊

1. 把孩子当作礼物：把孩子看作礼物去想一想，孩子都带给了你哪些收获？作为父母，我们因为这件礼物，得到了哪些成长？这样想，能够把自己从一个付出者转化为一个收获者，会感受到更多的育儿幸福感。

2. 一起的利益：想一想如果孩子能够健康快乐地成长，你会获得什么样的人生？这样想，我们将会意识到孩子健康快乐地成长，其实能带给父母很多幸福的保障，会明白我们作为父母自己的人生命运与孩子成长有很大的相关性。我们今天的努力，不仅仅是为了孩子，也是为我们自己，当不再把自己高高地置于一个付出者甚至牺牲者的位置上时，我们会少很多抱怨，多很多感恩。

我想念的是妈妈，不是棒棒糖

要连续参加几天的培训课程，提前与儿子商量好，这几天妈妈要很早出门。

虽然有了心理准备，但当他睁开眼，睡意蒙眬地看到我即将出门时，还是大哭了起来："我起晚了！我没有和你玩够你就要出门了！"

按照每天的程序，我们每天分别前是要玩一会儿游戏的。

显然，今天的这个程序被打破了。

他流着眼泪，扑到我的怀里，手臂紧紧地环着我的脖子，小腿攀缘在我的身上，不肯下来。

他懊悔地重复着："我起晚了，我起晚了！"

我抚摸着他的后背安慰着他："是的，你有点起晚了，今天早晨你没有和妈妈待够！妈妈下午会早点回来的。"

他的哭声更大了。

母亲心疼我没吃早饭，又要哄孩子，赶紧出来替我解围："快点让妈妈去上课，妈妈回来才会给你买好吃的。你要是不让妈妈走，妈妈就不给你买好吃的了。"

"我不要！"他不耐烦地对姥姥喊道。

我抱着他，亲了亲他的小脸，告诉他我知道他舍不得和妈妈分开，却没有承诺给他买好吃的。

其实，我习惯于每次晚回来，都给他带一份礼物的，但在他哭得舍不得与我分开的时候，我不知道为什么，却不忍心用给他买某样东西来"转移"他的情感。

我知道，当他哭着不愿意松手时，内心有着对与妈妈分开的深深不舍。

虽然很多时候，我可能刚出门，他就止住了哭泣，但这一刻，他就是如此舍不得妈妈，就是有深深的眷恋。

这份美好的情感表达，确实不是一份物质的礼物能够替代的。

只是我们渐渐长大，我们不安全的心常常会依赖于物质的满足来获得一份踏实感，比如，曾几何时，我自己心情不好时，会给自己买一束花，也会在拿到工资的第一时间去买一件漂亮的衣服，美其名曰爱自己。

但不知为什么，此刻对此我的心里却有着隐隐的不舒服。

物质虽然是表达情感的方式，但是以物质为诱惑，去"交换"孩子的情感，或者转移他真实的感受，总有点急功近利，亵渎孩子感情的味道。

孩子那份真挚的情感，最需要的是被理解、被重视、被安慰、被接纳，怎么可以用一点点小物质就取而代之呢？

我们送孩子礼物，是在爱给予满足的前提下，在尊重孩子情感的前提下，用礼物锦上添花，而不是用礼物去替代或者混淆什么。

比如当下，我最好是能陪伴他，给予他满足；当然，也可能做不到，但是我至少需要倾听他，接纳他此时难过的情绪，允许他去表达，而不是用一个礼物去转移和混淆他的感受。

记得儿子两岁多的时候，每次回爷爷奶奶家，爷爷都会给他吃平时我们不太允许他吃的冰激凌，儿子特别喜欢。

有一次，娃爸又要带儿子回去看望爷爷奶奶，儿子欣然同意了。娃爸开玩笑说：“你当然愿意回去了，每次爷爷都给你吃冰激凌。”

虽然只是玩笑话，但我当时觉得好像哪里不对味儿，后来我们还讨论了这个事情：“血肉亲情，儿子喜欢回去探望爷爷奶奶，这是多美好的一份情感，难道就仅仅为了吃个冰激凌？”

小孩子喜欢零食，喜欢冰激凌是没有错，但是很多时候，行为背后的动机并不是单一的，作为家长，我们是不应该将孩子的动机简单地理解成一个低级需求，而对孩子纯真的高级情感熟视无睹。

要知道，家长强调孩子的哪个动机，哪个动机就会渐渐地成为孩子做事情的主要动机。

在心理学上有个很有趣的故事：一位喜欢安静的老人，经常被附近一些顽皮的孩子吵闹到，这些孩子天天在老人的屋子边上互相追逐打闹，喧哗的吵闹声使老人无法安心休息。

老人想了很多办法也无法劝说孩子们安静。最后老人想到一个办法，他把孩子们叫到一起，告诉他们，谁的叫声最大，谁就可以得到更多的钱。

第一天，孩子拼命地喊叫，得到了老人的奖励。

第二天，当孩子们再来吵闹时，老人只给了他们很少的钱。

第三天，则给的更少。

渐渐地，孩子们都不愿意来老人屋子边上喊叫了。孩子们觉得："我们这么努力地喊叫，他却说话不算数，给的钱越来越少，我们凭什么要给他喊叫！"

老人动用小小的计谋，成功地阻止了孩子们的喊叫行为。

原本，孩子们是自愿喊叫的，属于内部动机，但是，老人因为孩子喊叫，给他们奖赏，使得孩子们的内部动机转化成了外部动机。

当内部动机转为外部动机时，孩子们已经忘了喊叫本来是自愿的行为，进而变成了为了得到奖励而喊叫，而一旦外部动机——奖赏减少，孩子们就不愿意再付出努力了。

这个有趣的故事，讲的就是心理学上的过度理由效应。

我们对待孩子的教育也是如此啊。孩子那颗至真至纯的心灵，饱含着多少对父母祖辈的爱，只是他们控制情感的能力还很脆弱，表达情感的方式又很直接，因此，常常因为一些小事而哭泣、闹脾气，但如果耐心了解，孩子这些行为背后，都隐藏着对爱的表达，对成长的热望。

物质化的礼物是表达情感的一种方式，但是，我们千万不要将物质礼物理解成是孩子最迫切的需求，更不要为了图省事，试图用物质礼物去转移孩子对爱的需求。

当我们滥用物质代替孩子情感的时候，实际上也在不自觉地将孩子的内部动机转化成外部动机。长此以往，会使得孩子天然的情感被削弱。

所以，当孩子因为情感受挫而伤心难过时，最好拿出些时间听孩子伤心哭泣，拿出点耐心听孩子表达情绪，让孩子真诚的爱，如同潺潺小溪般清澈流淌，让他知道想你就是想你，爱你就是爱你。

棒棒糖代替不了对妈妈的爱，冰激凌代替不了对妈妈的爱，巧克力代替不了对妈妈的爱，再好的玩具都代替不了对妈妈的爱……

家教锦囊

1. 允许孩子哭泣：孩子哭是在宣泄情感，也是在梳理自己内在的部分，要接受孩子的哭泣，不要刻意打断，父母要做的就是理解和陪伴。

2. 积极反馈：看到孩子行为当中的高级情感并给予积极反馈。比如说，妈妈能够看得出来你很孝顺奶奶，妈妈能够感觉到你很为这个事情感动……父母的反馈能够帮助孩子认识到自己高级情感的部分，进而促其发展。

谁都是谁生命中的独一无二

晚上带儿子出去上课，下楼到三层时，儿子使劲跺着小脚，想震亮声控灯，但楼道里依然是黑乎乎一片。

“灯坏了”，他伸出小手，挽住我的手指说，“我领着妈妈，妈妈别摔倒。”

他小小的身体靠近我，一步一个脚印，轻轻地下楼，用小小的强壮的身体挤开了沉重的楼门……

十一月底的北京，随寒潮而来的七级大风，吹在脸上生疼，但心窝里的暖，如同暖阳下生发的生机勃勃的树，根深扎在土壤里，那是踏踏实实的力量与希望……

多年前的寒假，不善言辞的父亲把我和妹妹叫到身边，一手拉着一个已经羽翼丰满随时可以展翅飞离的女儿说道：“爸爸真想你俩。”

爸爸温暖的手握着我的手，我的心头微微地震颤，想说什么却终究没有说出来，我的手久久地放在父亲的掌心里，像一根花藤，攀缘着大树，羞涩内敛的我幸福地笑了。

亦想起怀孕时的那个冬天，我和老公共同经历了一段心灵的寒夜。

外出散步时，他牵着我的手，小心地走过满是积雪的路面，一边叮咛着小心一边缓缓前行。心灵的刺痛与希望的召唤层叠涌现，我觉得自己于老公，像是一棵树于另一棵树——生命不易，我们并肩前行……

同样是牵着的手，却是不一样的感受，同样是温暖，却是不一样的体验。

是的，从这个角度讲，谁都是谁生命中的独一无二，每个人在彼此的生命中出现，都有着不可替代的感受、价值与意义。

上周末，在公公家整理一些旧的书籍，每本翻开来，都是回忆。

比如，某位朋友送的礼物，再比如，和某位朋友一起去买的书，再或者是因为某人的推荐而买了哪本书，再或者是读这本书时与某人有着某种交集……总之，蒙尘的旧书，唤醒了好多记忆。

一本没有了封面的书出现在眼前，想不起它的来历，翻开看时，是老公的字体：某某购于书市，落款处是日期。

工整的字体，一笔一画的用心——某某，是老公前女友的名字。

我笑笑，递给他："留着吧，难得！"

他接过来看看，有点尴尬，看我脸色，继而打趣："哦，有电话号码吗？”

“可惜没有，有也怕是换了好多个了。”我平静地说道。

是真的平静，连自己也惊诧不已的平静。

依然记得当年谈恋爱时，我因为在他家发现一串千纸鹤，进而推理他家没有女孩，哪里来的千纸鹤，一定是他前女友所送。

想到他的心被某个人占据过，我就抓狂不已，哪怕那些过去，其实根本与我没有半毛钱关系，我依然控制不住地声讨他、折磨他，之后，又有过好几次无事生非的翻旧账。

现在想来，很心疼那个活得紧绷的自己。在紧张地捍卫着爱，在拼命地证明自己的重要，自己辛苦，也折磨别人。

时至今日，我想，若是再发现一串千纸鹤，我会允许他珍藏的。那么美好的时光，那么珍贵的回忆，是该珍藏。

然后，在满头华发的岁月，在一个暖洋洋的午后，因一份旧物，邂逅一段时光，回首一段往事，品味人生的味道，岂不是很有趣，很幸福的事？

曾经希望自己是他的全世界，似乎那样，就凸显了我的重要。但现在却慢慢明白，那不过是我不安和焦虑的投射……

如果说这么多年的成长带来了一些进步的话，最首要的是那份放松吧。具体到与老公的关系中，懂得了即便我是他的爱人，也无权去独占他的世界，我也没有能力去填满他的整个生命体验空间。

我只不过是他人生中比其他人更亲密的角色，在这个角色中，以我们特定的相处方式与角色位置，协助彼此完成着生命的体验。

协助，需要的是信任与尊重，而非侵占剥夺。

而这份放松，不仅仅来自于年龄的增长，更来自于爱自己的修行。因为学会爱自己，所以不再执着于占据和填满谁的生命，而是完整自己的生命。

因为学会爱自己，因此在与另一个生命相遇时，便开始渴望留下多一些的美好与温暖，消除一些误会和逆缘……路漫漫其修远兮，境界无终点，却值得去努力。

不久前，一位做了妈妈不久的朋友说，自己生了孩子后，婆婆来帮着照顾，婆婆付出很多，但好友却隐隐担心："将来，孩子如果跟我不亲，而是跟奶奶最亲怎么办？"

因为这种担心，好友与婆婆的关系一直不太和睦，有时候会在一件小事情上较劲，事后想来又后悔。

我特别理解这位朋友的心情。我们已经习惯了将自己置于竞争的状态，即便在不需要争夺的时候，也常常会耸起肩膀，我们担心一不小就被挤到后面，担心一不小心就失去了位置……

我们在被替代的恐慌中，紧绷着，防御着。

事实上，谁能真正替代得了谁呢？

我们虽然都是浩渺宇宙的一粒微尘，但作为一个生命，谁又不是独一无二的存在呢？

珍视自己的独一无二，便会珍视自己互动出来的独一无二的关系和独一无二的体验。

孙子爱奶奶，并不影响爱妈妈；儿子爱妈妈，也不会对奶奶的爱少一分。因为无论孩子、奶奶还是妈妈，都是独一无二的存在，而非是谁谁的复制品。

真正的爱一定是宽广无限的管道，它流经你，流经我，流经他；但，它不受任何人与物的控制，谁一旦试图控制，拥有的已经不是爱，而是匮乏了。

唯愿，在前进的道路上，自己能多一份宽广，去感应爱的无所不在；能多一份畅通，让流动的爱，经由自己时，能行云流水，畅通无阻，由此也让生命更多一些轻松与自由。

家教锦囊

1. 做自给自足的家长：学会爱自己，一个能自给自足的家长，是能够给自己足够的爱与关注的，不需要过度地通过孩子的爱来证明自己的存在感，自然能给孩子更多一份的成长自由。

2. 爱，越给越有：爱的能力是在爱别人的过程中培养起来的，一个孩子，不会因为爱一个人就不再爱另一个人，在健康的亲子关系中，爱是互相流动和促进的。千万不要因为自己狭隘的想法，而剥夺了孩子爱的能力的培养。

在孩子的童年里，遇到更好的自己

儿子即将上幼儿园的前一周，我和老公带他去参观自然博物馆。儿子东瞧瞧西看看，在大厅里跑来跑去玩得特别开心。忽然，他站着不动了，我马上意识到他有情况，急匆匆地抱起他想冲向厕所的时候，已经来不及了，他的裤腿、鞋子已经变得湿答答的。当时春节刚过，天气还很寒凉，这意外情况真给我们增加了不少的麻烦。

“妈妈，我没忍住！”儿子带着哭腔对我说。

“没关系！我们换衣服。”我一边说一边帮他脱下湿衣服，穿上干衣服。裤子是没问题了，但是棉鞋也湿了，只能用纸巾擦拭一下继续穿了。

换了衣服，儿子又像之前一样，跑来跑去开心地玩了。我却止不住不停地唠叨：“唉！鞋子湿着多难受呀！”一会儿又转向老公：“你给他喝了水后，干吗不提前带他去洗手间！”

“妈妈，你看小鸡，看小鸡！”儿子在一个展柜前停下，开心地叫我。

我走过去，在他身边蹲下，拥着他，但手却不自觉地伸到儿子鞋子上摸了摸，湿湿的。“宝贝，难受吗？”我又禁不住问。

“不难受！”儿子说着，开心地跑开了，前面的鸭子标本又吸引了他。他根本就没有被打湿的鞋子所干扰，他雀跃的背影，好奇的眼神，将我认为的那些不舒服抛得远远的。让我马上意识到我那颗不在当下的心。

是的，从儿子尿湿裤子的那一刻，我已经延伸出各种联想了，我联想到儿子马上就要上幼儿园了，如果还尿裤子，会不会给老师添麻烦，进而影响老师对他的喜欢？我也后悔，自己为什么不早点训练他如厕，非要遵循自然而然学会的道理……这些激荡在内心的联想，让我不但自己无心投入地看展览，还不断地打扰儿子。好在，这小人儿丝毫没有被我干扰，依然是那么开心专注。

早就知道“未来不迎，当时不杂，即过不恋”的道理，但却都只是表面的标榜而已，这一刻，儿子的行为让我看到了“说与做”之间的差距。

于是，不再继续纠结于儿子会不会如厕，也不再纠结于他的鞋子舒服与否，而是追随着儿子去为一只昆虫惊喜，为一条小鱼惊呼了！

当我的情绪心思渐渐与儿子的好奇开心融汇流动，我才真正感受到“未来不迎，当时不杂，即过不恋”的妙趣。

一星期后，儿子入园了。经历了三四天没有反应过来的简单开心后，儿子忽然意识到，上幼儿园原来是要与爸爸妈妈分开的，于是，开始出现哭闹情绪。

说实话，每天他所焦虑的，也是我所焦虑的，那百般的不情愿，那说再见时的难舍难分，每天都让我难受好一阵子。有时候工作着工作着，就想到儿子：他能适应吗？现在想爸爸妈妈了吗？他在哭吗？好在细心的老师总是给我发一些儿子在幼儿园的视频过来，让我心里有了些安慰。

一天早晨，儿子一如既往地说他不想去幼儿园。早饭过后，他一边接受爸爸给他穿衣服，一边拿着前一天老师给他手工做的火箭玩，他时而想象着火箭的发射，时而又冒出一句："我不想去幼儿园！"

我在一边看着儿子，心想，他今天若是真的不想去就不去了吧，我正好有时间，可以陪他。我知道，这也是我的需求，这样一来，我们就可以暂时不用面对分离的焦虑了。意识到这一点，我咬了咬牙，还是将他可以不去幼儿园的话说出口。

儿子继续摆弄着火箭说："这是魏老师给做的吗？魏老师今天还会给我做火箭吗？"

他这一句话提醒了我，我清晰地看到，儿子此刻正在不断地自我鼓励。他不愿意上幼儿园，这是很正常的情绪反应，但是，他又知道，他必须去幼儿园，所以，他在调动自己的资源来鼓励自己、安慰自己。比如，他拿着火箭，去回忆幼儿园的有趣，又提到老师为她做火箭的事情，来促成自己对幼儿园的向往。

感动于生命本身具有的力量，那是一种被成长召唤的力量，虽然会恐惧，虽然会害怕，但是不会停止前进的步伐。

幸亏自己没有当儿子的绊脚石，作为妈妈，最需要的是给孩子助力呀！

于是，我蹲下来，用心地听儿子讲他的火箭的故事，并与他一起畅想了在幼儿园可能发生的美好的事。

儿子的情绪越来越稳定，拿上了小书包准备出门了。临出门前，他回头看我一眼，说道："我不想去幼儿园，去幼儿园我会想妈妈的！"他的眼圈红了，小嘴瘪了，但是脚步却坚定地向前去。

"宝贝，妈妈也会想你的，妈妈会准时接你，咱们晚上就又见面了哦！拜拜！"我微笑着对儿子说道。

两分钟后，我透过窗子往下看，儿子随他爸爸下了楼，不知又被什么东西吸引了，正开心地说笑呢，看着他快乐的样子，我心里由衷地欣慰。

那一次，看着儿子小小的身影渐行渐远，心里还有一种莫名的力量在涌动：既然孩子的成长是种必然，父母的行为就需要去助力孩子的成长。而要想很好地助力孩子，我首先要做的是，能够理顺自己，认识自己，如此，我才能避免以爱的名义，成为孩子的阻力。我需要聆听自己的人生使命，也需要聆听孩子的人生使命，才能找到我们彼此温暖彼此成就的点。

在养育孩子中，不知不觉，我开始走向对自我的探索，开始去与更美好的自己相遇。

感谢儿子，感谢自己。

家教锦囊

1. 理解孩子的情绪：孩子感觉到害怕、退缩、舍不得离开妈妈等情绪都是很正常的，要理解孩子的情绪，千万不要嘲笑孩子的怯懦。

2. 温柔的坚持：妈妈的理解和温和是对孩子很重要的情感支持，这些做到了是对孩子极大的鼓励，而在行为上只要是孩子可以承受的困难，一定要给予他挑战的机会，这才是对孩子最好的鼓励。

孩子爱爸爸也爱妈妈，不要让他纠结

美国心理学家米尔提出过一个“储爱槽”理论，意思是说，每个人心中都有一个储存爱的能量的容器。

如果“储爱槽”里面的爱很少，这个人就会是匮乏的，他们要么很难去爱别人，要么会过分依赖，试图去索取爱。

不管怎么说，在储爱槽匮乏的状态下，一个人是很难爱自己的。会觉得自己不值得，不配，是不好的……

而“储爱槽”最早的爱的注入来源于父母。

尤其是婴幼儿时期，父母或者养育者很好地给予了安全、舒适、及时的爱，孩子就容易获得满足，建立起安全的依恋关系，内心就比较有能量，“储爱槽”充盈。

成年后，孩子就可以带着满满的爱离开原生家庭，去建立自己的新家庭，继续幸福地生活下去。

“储爱槽”不是一个孤立的存在，父母和孩子的“储爱槽”是相互连通的，父母间爱的流动，让夫妻俩的“储爱槽”不断盈满，然后每个人的爱都流向孩子，孩子的“储爱槽”得到充盈。

但是，以上说的是比较好的状态。

有时候，孩子的“储爱槽”会出现被父母透支的状态。

要么父母的“储爱槽”匮乏，不能源源不断地将爱输送给孩子；要么，父母会反过来向孩子的“储爱槽”索要爱，这就是一种倒流，倒流对孩子的危害很大，它是在透支孩子的“储爱槽”。

比如，父母吵架后，找孩子诉苦、评理，甚至埋怨孩子，加罪于孩子，试图依赖孩子去解决夫妻之间的矛盾……都是一种“储爱槽”倒流的现象。

每个孩子的生命皆是父母的结晶，那种纽带式的使命，似乎是他们与生俱来的，他们都渴望父母相爱。

这种温暖的爱的环境，是最有利于他们的存活和生长的。

因此，一旦孩子发现这个环境被破坏，他们会不由得参与其中，拯救环境。

记得有一次，我和老公发生争吵，最后，我所有的情绪都“借尸还魂”到了一件很小的事情上——老公将买回来的砂糖橘全部吃掉了，没给我留一个。

我记得我很愤怒地指责他，说他自私等诸多不是。

这个时候，还不满四岁的儿子跑过来说：“妈妈，妈妈，还有橘子，还有的，我给你找……”他踮起脚尖，伸出小手，飞快地抓捏着那一堆被爸爸丢下的橘子皮。

当确定确实再也没有一个橘子的时候，他跑到爸爸身边，拉着爸爸说："快去呀，冰箱里还有橘子，拿给妈妈！"

他很快地捧着一个大橘子来到我的面前说："妈妈，给你，快看，这里还有橘子呀！"

我的心被深深刺痛，看着儿子懵懂的样子，我不知道他那一连串的话，那如此迅速的反应，那小大人似的举动都是哪里来的，那像是一种应激状态下被激发出来的反应。

作为深爱他的母亲，我又怎么忍心，让我这小小的宝贝，去为我们夫妻间非理智的争吵，透支他宝贵的心理资源呢？

于是我恢复了理智，我知道多年后，我不会因为没有与丈夫争出胜负而后悔，但我会因为减少了对孩子的伤害而庆幸。

我不是完美的妻子，亦没有找到完美的老公。不是神仙眷属的我们，虽然有意识地避免在孩子面前发生争吵，但偶尔还是不能很好地控制情绪。

但我知道，我即便是在情绪失控时，也要做一件事，那就是告诉孩子："这件事情和你没有关系，你很好，是爸爸妈妈现在有点生气！"

我发现，当我这么做了，孩子就放松了好多。他继续做他的事，只是有时候过来问："妈妈，你的坏情绪过去了吗？你好了跟我说一声啊！"

又有一次，我再次生老公的气，气到流泪。儿子过来问我："妈妈你怎么了？怎么哭了？"

我说："我有点生气，哭一会儿好受，和你没有关系！"

可是，就在那一瞬间，看着站在我面前无比体贴的儿子，我内在的一个旧有模式忽然启动——是的，这一定是盘踞在我心中的一个按钮。

于是我抱起儿子，一边拥着儿子，一边指责老公，我心中升起一种“看我们母子俩多可怜，都是你的错”的情感纠缠。

不承想，儿子轻轻地推开我，对我说："妈妈，你难过可以哭，你不可以骂爸爸！"

一瞬间，我就被儿子温暖而清晰的声音点醒——是的，我只是在投射我的难过，我的可怜，我的委屈，与儿子无关。

他拒绝了我的投射，也没有和我站在一起去充当受害者。他站在第三者的角度，清晰地看着这一切的发生。

也许他不知道背后的种种原因，他只看到了我在责备他爸爸。

他不明白也好，他没有必要明白，也无须弄明白，因为这是我和他爸爸的事儿，何必让孩子缠绕其中。

用肃然起敬来形容我当时对儿子的态度一点不过分。我轻轻地放下他，告诉他："好的，我再哭一会儿。"

然后，他看了看我，转身去玩玩具了，而我就尽情地将那些情绪都揉在泪水里，任它流淌。

当然，儿子此时这份清晰和拒绝卷入的坚定感，来自我之前每一次发生不愉快，都清晰地告诉他："这不是你的事……"

没有孩子希望父母之间彼此伤害，也没有孩子愿意目睹父母的争执和攻击，因为父母的爱是他们精神的家园。

但是，如果作为父母，依然控制不住地去争吵，甚至不得已要分开，那也一定要告诉孩子："这不是你的事儿，是爸爸妈妈的事儿！”然后告诉他，你们都爱他。

如果，暂时你确实无法相信，对方是爱的孩子的，也请告诉自己，这份怀疑只是你的。

至少你要做到，不把孩子拖到你们的矛盾中，更不要强加给孩子判官的角色。

作为孩子，面对父母不和谐的关系，有些伤痛也许无法避免，但是，你懂得了剥离与孩子的关系，尊重孩子的心理疆界，至少可以将伤害降至最低。

家教锦囊

1. 不说伴侣坏话：不要在孩子面前说另外一半的坏话，孩子既爱爸爸也爱妈妈，而且，孩子最初是要在父母的影响下，形成自己的人格，父母互相诋毁，不但让孩子进入到很纠结的情感关系中，而且也会产生自卑感。

2. 不做情感控制：避免用孩子的情感控制另一方，比如，试图让对方感到愧疚、难过等，这是对孩子很大的伤害，孩子会敏感地认为是自己伤害了父母。

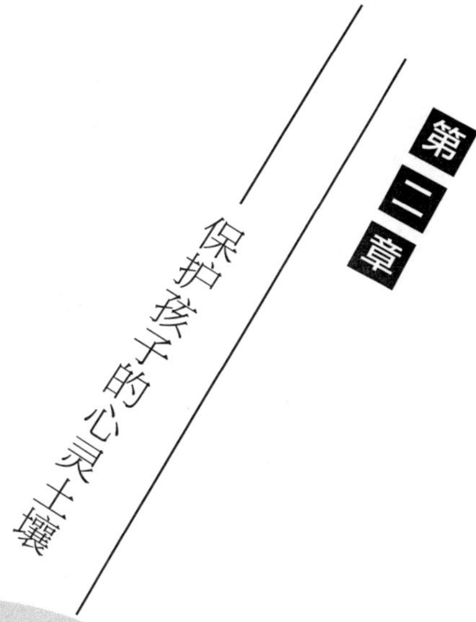

第二章 保护孩子的心灵土壤

没有一帆风顺的成长，孩子成长过程中，总会经历这样那样的考验，产生情绪是正常的。而此刻，我帮助孩子去剥离和疏导他的情绪，就是希望他在成长过程中，不会沦为情绪的奴隶，而是能在纷繁复杂的情绪面前保持一份自如和从容。

没有人喜欢被大肆谈论，小小孩也需要被尊重

几个妈妈一起聊天，三十出头的磊磊妈妈很快成为焦点。她说起家常话就像讲故事，很快能把几个妈妈逗笑。

“昨天晚上我睡得正香，忽然感觉身底下冰凉凉的，下意识地赶快去抓孩子，一伸手空落落的，被吓出一身冷汗，开灯才发现，他尿床了，自己挪到我脚底下睡了……”

磊磊妈妈边说边比画着，逗得边上的妈妈跟着一起乐，我也忍不住被逗乐了。一转眼，却瞥见五岁的磊磊蹲在健身器材边上，一副尴尬的样子。

忽然，他跑到妈妈身边，狠狠地拍打妈妈的大腿。妈妈说得正开心，一边拉着儿子的小手让他停下来一边说：“看，我们家这个脾气就是大，昨天生气时，直接把一碗面条倒在了桌子上……”

在我们的内心，会有着一个主导性的心理需求。当这个需求与其他需求同时出现时，我们常常会因为太重视这个主导需求，

而忽略了其他的需求。

比如，对于磊磊妈妈来讲，被别人接纳的需求，是她的主导需求，以至于为了获得这一需求的满足，她忽略了对于一个五岁的孩子来讲，被妈妈在陌生人面前大肆谈论，且谈论的是自己的隐私或者难为情的事情，那是怎样的尴尬，自尊心又会受到怎样的伤害。

我也有过和磊磊妈妈类似的经历……

那时我儿子刚一岁，有一天，天气特别好，经历了连续好多天雾霾的摧残后，天空终于露出了蔚蓝笑脸。

和老公带着儿子去晒太阳，刚到楼下，儿子的眼睛就开始不够用了，一会儿看小区外的汽车，一会儿又看小区内骑自行车的叔叔，一会儿又看大树，一会儿又看小鸟，小手指所指之处，都有惊喜的目光流连，我也不敢怠慢，一一解释回答。

等爸爸推着小车出来，我们朝广场上走去。

沿途碰到一对夫妻在带着他们的宝贝晒太阳。

大概是儿子小时候胖胖的奶膘给人留下了深刻印象吧，邻居看着儿子说："哇！他还真是变化不小，瞧那小脸，不像以前那么大了！"

说这话时，邻居笑眯眯的，眼睛里流露着做母亲的慈祥。

我们平时不熟悉，但人家还记得我儿子小时候的样子，这让我心里美滋滋的，于是顺着人家的话道："是呀，孩子六个月前都有奶膘，那时候我儿子可胖了，我还怕他一直胖下去呢！"

“是的，我就记得他的小脸胖嘟嘟的，可好玩了！”邻居说道。

“嗯，那时候他脸的确很胖乎，额头这里还没有鼓起来，小脸显得比头都宽！”我一边说着一边比画着，心里也回忆着儿子小时候的样子。

“是啊，现在额头长宽了，头圆了……”这位妈妈搭话道。

谁知，就这么说着，儿子不干了，他发出不高兴的“呜呜”声，一脸的不愿意，眼看就要哭了。

我们赶忙说：“不乐意了，不乐意了！”于是，笑着推着儿子走开了。

当我告别邻居，推着儿子走在小路上时，忽然有了一个意识：儿子刚才应该是听我议论他，不乐意了吧！

是的，不应该当众评价孩子的，每个人都有自尊心，没有人喜欢被当众揭短，哪怕是个小婴儿。

我不能因为他还是一个不会反抗的孩子，就无视孩子的自尊心。

当然，我并没有说儿子不好的事情，言语之间都流露着对他的可爱的描述，对方的言语也是充满善意的。

但是，这并不代表作为父母就可以当着孩子的面议论孩子，因为不在于你谈论了什么，仅仅是这个当着孩子面随便议论的行为，就已经是没有将孩子放在一个平等的位置上去尊重的体现了。

试想，如果是自己被一群人围着议论是什么感受？如果是自己的爱人遇到这种情况会是什么反应？

如果我当着老公的面，与一群人议论他的糗事，哪怕是言语间充满爱意，他会开心吗?

显然不会!

既然如此，孩子被议论时，一定是不开心的了。一岁多的孩子，已经完全能听懂大人的语言，即便是几个月的孩子，其实也比我们想象得知道得多。

这么一想，我心里小小地痛了一下。看来我这个当妈的又大脑进水了。

孩子还不会说话，他是在被动地接受别人的评价，不管是正面的、负面的，他同意的还是不同意的，他都没有办法参与，没有办法辩解，只能听大人们在那里议论他自己，光这一点，他就有不开心的理由了。

孩子是需要我们去尊重的一个独立个体，而不是可以被大人忽略感受的工具。

有心理学家认为:“每个人都有自尊和被尊重的需要，这种需要从婴儿期就有。当孩子进入小学期以后，自尊和被尊重的需要快速发展，如果这种需要得不到满足，会严重阻碍他们人格与社会性的发展。在缺乏自尊和被尊重的氛围中，孩子通常会以违抗、敌意的方式对待周围人和社会要求，他的自控力尤其是自觉的自控自然不会得到良好发展。”

所以，作为妈妈，我们要时刻去觉知自己的日常行为是否做到了尊重孩子。

家教锦囊

1. 不当着孩子的面评价孩子：从自己做起，不随便地评价别的孩子，哪怕是“你皮肤真白！”“你眼睛好大”这样的话。说白了，这很大程度上是妈妈们彼此交往的礼仪，对孩子有多少意义其实是很难说的。假如一个孩子并不喜欢自己皮肤白、眼睛大，这么说反倒伤害了他们；就算他们喜欢，这些太过于表面的评价，对孩子多一点少一点，也不是什么重要的“营养”。

2. 学会扩展话题：其实话题还是很广的。诸如，春天的植物园都有什么植物；外出旅游的所见所闻；做烘焙手工的体验；哪里的衣服好看，饭菜好吃；还有一些书籍电影等。这些与孩子无关，被孩子偷听去又能长一定的见识，至少不感觉到被伤害。

做个会帮孩子剥离情绪的妈妈

为情绪的缠绕而深感辛苦

带儿子回老家，被父母疼爱照顾，自然是很温暖的事情。但，内心也有着一份辛苦，这份辛苦来自情绪上的牵扯。

比如，我儿子经常爱“哼唧”，不顺心的时候哼唧，遇到挫折的时候哼唧，有时候玩着玩着就哼唧……

我是不太在意他这种行为，我知道，这是他内在情绪的表达，他或许烦躁、不开心、生气……哼唧不过是他表达情绪的出口。

但偏偏，母亲是个最听不得“哼唧”的人，好像面对孩子的哼唧，母亲就会产生很多的情绪。她一听孩子哼唧，先是制止：“不要总哼唧！”

然后是对比：“你看谁谁谁，从来不哼唧！”

或者是诱惑：“你要是不哼唧，姥姥就给你……”

然后是无奈，是焦躁，实在忍不住了，也会批评。

我能感受到母亲内心的那份烦躁，被儿子的哼唧声激起的难受感和无法忍耐感。

而事实上，无论是哪一种方法，儿子的哼唧一旦被打断，不能尽情表达，那么接下来，他可能会变本加厉，要么更大声地哼唧，要么发脾气。

深知母亲已经做到了她能做的最好的状态，我们自然也不能要求姥姥还要懂心理学。但我心里确实想，是该帮孩子梳理梳理情绪了。

愤怒的宝贝被情绪控制了

这样的机会，果然在我们回京第一天就来了。

事情是这样的：回到家，地板上蒙满了灰尘，娃爸拿起拖把要拖地，却不小心碰倒了娃的火车轨道。于是，娃马上晴转多云，吵闹起来。

娃爸也不让步："你把火车摆了一地，超出你的区域了，我拖地当然会碰到！"

娃更暴躁了，变本加厉，他先是把桌子上的一个玩具扔到了地上，然后又把我正在记笔记的本子扔到了地上，而且一边扔一边发脾气。

我先是在边上静静地看着。可他越来越烦躁，越来越生气，忽然，他爬上了写字台，坐到了爸爸的笔记本电脑上，然后又站起来绕了个圈，往地上跳。

"我知道你很生气，你可以砸沙发垫，也可以踩地板，但是不能做伤害自己和伤害别人的事情，笔记本还通着电，很危险的。”我力争用平静的语气说道。

娃看了看我，还是再一次爬上了写字台，犹豫了一下继续坐到笔记本上。他的眼睛看着我，皱着小眉头。从他的眼神中，我看到了叛逆和挑战，但也看到了他的不由自主——是的，这一刻，这个小人儿已经被愤怒和焦躁的情绪控制了。

宝贝，你不是你的情绪

比起外在的世界，我们内在的世界更丰富复杂，当一个生命来到这个世界上，他不但要学习外在世界的知识，更需要学习认识自己的内在世界。但是，激烈的情绪常常会让孩子不知所措，他们不知道发生了什么。他们被情绪卷走，深陷情绪中，不知该何去何从。

我记起一位爸爸说过他女儿发怒时的表现 :“她在屋里跑来跑去，说有一列火车在她的身体里，她感到害怕！”

其实，不仅仅是孩子，我们成年人，不也经常深陷在某种情绪状态中不能自拔吗?

那一刻，我们认同了我们的情绪，把情绪反应当成了我们自己，我们跟着情绪一起沉沉浮浮，我们成了情绪的奴隶，我们也变得不能自已，甚至失去了自己。

这个时候，能帮到我们的一个很重要的原则是 : 这个情绪只是一种情绪而已，它影响了我，但是它不是我!

于是，我对儿子说：“宝贝，你知道吗？现在有个愤怒的小怪兽在你身体里上蹿下跳呢，你生气，就是这个小怪兽在作怪。”

儿子忽然停下来问：“这个愤怒的小怪兽眼睛是什么样子的？”

我说：“眼睛应该像灯笼吧，瞪得大大的，他很生气。”

“对，眼睛像灯笼。”儿子回应道。

不过马上，他又开始哼唧。

我于是又对他说：“现在，是有个烦躁的小怪兽在你的身体里，它在跳，所以你很烦躁。”

“那烦躁的小怪兽长什么样的眼睛？”儿子停下来问。

“大概是红眼睛吧！皱着眉头，很烦躁呢！”我说。

儿子点了点头：“对，是红眼睛，绿头发！”

我说：“对！”

他又接着宣泄情绪，我没有制止，这时候显然已经比刚才好多了。

他停下来问：“那高兴时的小怪兽呢？长什么样的眼睛？”

“应该是笑眯眯的眼睛吧！”我说。

他点点头，又问了些诸如困了的小怪兽，想吃巧克力的小怪兽……

我一一回答。他则时而停下来，时而再烦躁一会儿。

过了好一阵子，他平静了，开始玩游戏。忽然跑过来对我说：“妈妈，我那个烦躁的小怪兽睡着了。”

我举起手，他的小手迎上来跟我轻轻击掌，我们都笑了。他为愤怒的怪兽睡着而开心，而我为成功地帮他疏导了一次情绪而开心。

至少，我们可以不受情绪控制

我们不需要打败某一种情绪，因为每一种情绪的存在都不受我们的控制，同时又有着对我们的意义。

但是我们需要去体验情绪，如果我们从小被教育远离负面情绪，或者习惯了压抑和逃避情绪，那就无外乎在我们与情绪之间造就了一个鸿沟。未经充分体验的情绪，其实并不会消失，而是会以生理问题或心理问题得以表达。

而体验情绪的最好方式是看到它在那里，你能感受到它，但是又知道，你不是它，它不能把你带走。

而与儿子玩“情绪怪兽”的游戏的过程中，我看到儿子在愤怒情绪中进进出出。当他把那些情绪理解成某个怪兽的时刻，至少它有了片刻不被情绪带走的体验，同时，还有了观察情绪的能力。

没有一帆风顺的成长，孩子成长过程中，总会经历这样那样的考验，产生情绪是正常的。而此刻，我帮助孩子去剥离和疏导他的情绪，就是希望他在成长过程中，不会沦为情绪的奴隶，而是能在纷繁复杂的情绪面前保持一份自如和从容。

孩子被负面信息影响了怎么办

琦琦是位八岁的小女孩，活泼可爱，聪明伶俐，可是最近琦琦的妈妈却在教育女儿的过程中遇到了很大的困惑。

一天晚上，妈妈在陪琦琦玩游戏，琦琦给布娃娃穿上了漂亮的衣服，嘴里念念有词："娃娃打扮得真漂亮，咱们一起去傍大款……"

妈妈简直不敢相信自己的女儿，才八岁啊，怎么能说出这样的话。但是转念一想，也难怪，现在信息这么丰富，其中必然混杂着不少消极信息。

小孩子模仿力强，难免会被这些消极信息干扰，琦琦的妈妈很担心，毕竟孩子正处于身心发展的关键时期，受这么多负面信息的影响，孩子怎么能够健康成长呢?

的确，随着孩子年龄的增长，接触的环境越来越广，接触的人也不再仅仅局限于家庭成员。

随着信息刺激量的丰富，社会上一些“假恶丑”的东西不可避免地进入他们的眼帘，孩子还分不清楚什么是好什么是坏，经常会模仿一些话语甚至行为，使得很多家长感到担心害怕。

不过需要提醒家长的是，不要因为孩子模仿了一句话或是模仿了一个行为，就觉得孩子变坏了，事情不可收拾了，进而恐慌不已。

实际上，孩子的想法和大人有很大的差异，我们不能用大人的视角、标准去判断孩子。

其实孩子在说一些话或是模仿一些行为时，往往是出于好奇，家长大可不必给孩子贴上什么不好的标签，甚至批评、指责他们。

批评指责也许暂时能压制孩子的行为，但是却更加激起了他们的好奇心。

所以，出现了这类问题，家长需要用正确的手段来引导孩子。

家教锦囊

1. 不回避问题：很多家长在面对孩子提出的一些难以回答的问题时，会因不好回答或内心不高兴而闪烁其词。这样的态度不利于问题的解决。要知道，当孩子不能从正面得到答复的时候，可能会通过不正确不健康的途径去探究。家长要尽量做到浅显的解释，同时告诉孩子，这种现象是不好的，是错误的。

2. 引导孩子多关注生活中美好的一面：放眼我们周围，良好的信息也是非常多的，比如，主动帮助别人、保护环境……这些好的信息一定要主动留意，引导孩子去了解模仿。

这样的强化多了，孩子判断是非的能力也会逐渐增强，有利于对不良信息的抵御。另外，家长要为孩子树立好的榜样。因为对于小孩子来讲，父母的影响是最大的，父母的行为也是最容易被孩子模仿的，孩子也经常通过父母的反应来判断一件事情是对是错。因此，父母要多在孩子面前表现有利的行为，比如讲礼貌、做事认真、乐于助人……这些好的行为都会不知不觉地影响着孩子。

孩子被老师批评之后，怎么办

被批评后的坤坤不愿上学了

最近一段时间，张女士真是对儿子坤坤伤透了脑筋。从两个星期前开始，坤坤上学就特别困难，一会儿声称肚子疼，一会儿又声称头疼。张女士开始以为儿子真的生病了，便只好请假带儿子去医院，结果检查根本没事。后来张女士发现，坤坤纯粹是在装病，只要是和老师请完假，他的病就全好了。明摆着，儿子是不愿意上学才装病的。

经过了解，坤坤不愿意上学的起因与老师的批评有关系。

有一次，坤坤的作业做得特别马虎，老师便批评了他，给他讲了不认真做作业的危害，并且让他将作业重新写三遍。

等到奶奶去接坤坤的时候，迟迟不见孙子出来，邻居的一个孩子跑过来告诉奶奶，坤坤被老师批评了，要留下来写作业。那天，奶奶在外面等了将近一个小时，补完作业的坤坤才出来。看着孙子闷闷不乐的样子，奶奶特别心疼。见面便说：“你们老师怎么搞的，让她下班不回家可以吗？看把我们宝贝儿折腾的……”奶奶的话还没说完，坤坤便“哇”的一声扑到奶奶怀里哭了。

那天回到家，奶奶见了家人就说坤坤的老师多么不好，多么不应该这样对孩子。从那以后，坤坤奶奶对老师的意见就大了起来，一会儿说只有她不给学生按时下课，一会儿又说她批改的作业不认真。有一次，坤坤写作业磨蹭，奶奶便说：“快点写吧，要不那个老师又该找你的茬了。”

也就是从那时起，坤坤做作业越来越不认真，而且出现了装病不愿上学的行为。

与家庭教育相比，学校的教育要更严厉，更有针对性一些，这也是孩子社会化必经的过程。因此，当孩子犯了错误，给予适度的批评和惩罚是一种常用的教育手段，这个过程可以让孩子矫正自己的错误行为的同时学会适应要求和规则。在不伤害孩子身体和心理的前提下，适度的惩罚是一种正常的教育手段。

但是，坤坤奶奶对孙子的过分呵护不但导致了老师教育手段的失效，还产生了很多负面效果。

小学阶段的儿童已经具备设想别人的观点、意图、情绪感受的能力，这在发展心理学上被称为“观点采择”能力。所以，坤坤能通过奶奶的行为觉察到奶奶是心疼自己的，是会保护自己的，奶奶是讨厌老师的。这就强化了坤坤通过一些手段去达到不上学的目的，因为他觉得奶奶会给他“撑腰”。

另外，孩子具备较强的情绪迁移能力，比如，因为喜欢老师进而会喜欢老师所教的科目，因为喜欢小朋友进而喜欢学校……同样的道理，因为坤坤讨厌老师的情绪被奶奶强化，进而导致坤坤讨厌上学。

因此，面对老师正常的批评，家长的“护短”行为非常不可取。这种情况下，家长不必过分关注孩子的情绪，而要当成什么都没有发生。很多孩子实际上是不愿意让家长知道他们挨批的。家长的刻意关注反倒会让孩子产生难堪、委屈等负面情绪。

如果孩子因为被批评情绪不好，家长可以谈谈自己小时候挨批评的经历，让孩子认识到挨批评是每个人成长过程中都会遇到的。更重要的是告诉孩子挨批评后自己取得的进步，让孩子学会积极地看待批评。

乐乐为何变得孤僻起来

乐乐是随着父母调动工作而来到这所学校的。刚来的时候，乐乐还是蛮开心的，只是由于教学环境的差异，乐乐的学习成绩由以前的前几名一下子下滑到了中等，而且乐乐的性格也变得闷闷的，不大愿意和小朋友们交往了。

后来听乐乐谈到讨厌教语文的老师，这才引起了父母的重视。

原来有一次，乐乐的作文里有很多错别字，结果语文老师便将乐乐的作文当“范文”读给大家听，小朋友们被逗得哈哈直乐，可乐乐的心却被深深伤害了。

还有一次，乐乐用白纸写了作文交上去，而按照老师的要求是必须用作文纸的。就是这一个错误，又让乐乐遭到了冷嘲热讽，老师抖搂着乐乐的作文纸说：“何乐乐就爱搞特殊化，总是想与众不同……”乐乐听了委屈地流下了眼泪。

很显然，乐乐的自尊心被老师伤害了。

自尊是指对自我评价而产生的一种自我价值感，是儿童行动的内部动力，是激发孩子积极向上的精神力量。心理学家认为，高自尊的儿童主动、活泼，能表达自己的思想，成绩优良，与伙伴友好相处，对许多问题感兴趣，相信自己能完成所做的事情。低自尊的儿童经常感到孤独和忧愁，感到没有人爱他们，不能积极主动地参加各种活动，不能与父母、老师和同学沟通。

由于儿童还不具备成熟的自我意识，他们的自尊满足更多地依赖于家长、老师及同学的评价，而老师作为孩子心目中的一个权威者，他的评价对孩子的影响至关重要。

乐乐遇到了素质不高的老师，不但老师的语言伤害了孩子的自尊，而且在他的影响下，小朋友们也嘲笑乐乐，可见这对孩子的自尊心是多么大的伤害。

虽然大多数老师都遵守职业道德，但是由于压力大，也有一些教师凸显出了严重的问题。因此，孩子到了一个新学校或者换了新老师，做家长的都应该及时了解孩子在学校的信息，同时体察孩子的情绪变化。虽然小孩子的情绪变化比较快，但是如果与过去反差很大，就应该引起家长的重视了。

家长一旦了解到孩子的自尊心被老师伤害了，一定要坚定地告诉孩子这不是他的错，而是老师的错。同时也要真诚的表示，爸爸妈妈相信他是很棒的孩子。如果屡次发现老师伤害孩子自尊心的事件，与学校沟通或者为孩子转换环境是非常必要的。

菲菲为何不肯认错

菲菲是个七岁的小女孩，活泼好动。有一天，菲菲妈妈去接菲菲，班主任老师告菲菲妈妈，说菲菲上课不好好听课，抢同学的文具盒，老师批评还顶嘴。菲菲噘着嘴站在边上，听着老师向妈妈告状，满脸显现出不高兴的样子。

“这孩子怎么这么淘气，真是没办法了，您得好好管管她。”妈妈顺着老师的话说。

听妈妈这么一说菲菲急了：“我没抢她的文具盒！”

“看！还是不承认！”老师说道。

“你这孩子，怎么搞的，我还不知道你，平时在家做作业就不认真。”妈妈赶紧说道。

菲菲不再说什么，噘着嘴站在旁边听老师和妈妈你一言我一语地数落自己。

回到家，妈妈看着菲菲不好好做作业的样子，又提起了老师说的事情。没想到菲菲又说：“我没抢她的文具盒，是我不小心把她的文具盒弄到地上了，我给她捡了起来，看到上面有机器猫我就想看看，她就说我抢她的……”菲菲边说边哭了起来。

妈妈虽然觉得菲菲说的可能是真的，但却对女儿说：“那你一定是没好好听课了，要不老师怎么会批评你，老师说的难道会有错吗？”

菲菲不再说话，豆大的泪珠“吧嗒吧嗒”往下掉，妈妈不再理会女儿，觉得小孩子嘛，一会儿就没事了。

可是从那以后，菲菲上课捣乱的事情却时有发生。妈妈生气地批评菲菲，菲菲却回答说就是要气她们。

面对这个犟丫头，菲菲妈妈真的不知道怎么办好了。

像菲菲妈妈这样爱面子的家长很多。内心感觉到是冤枉了孩子，但碍于面子，害怕失去家长的尊严，宁可将冤枉进行到底。

殊不知，这种做法极大地破坏了孩子对家长的信任。

被老师冤枉的孩子心中会产生委屈的情绪，要么觉得老师不喜欢自己，变得自卑退缩；要么会像菲菲一样产生叛逆情绪。如果这种情绪不及时疏导，孩子的行为很可能真的会朝消极方向发展。心理学家罗森塔尔早已发现，教师对学生的期望会在学生心理上产生巨大的影响。教师以积极的态度期望学生，学生就可能会朝着积极的方向改进；相反，教师对学生的偏见也能产生消极的结果，从而影响学生的学习积极性。

因此，如果家长已经认识到老师批评错了孩子，一定要及时地给予干涉和疏导，而不要以“老师说的会有错吗？”的话语来压孩子。

家教锦囊

及时地与孩子“共情”：孩子遭受老师的批评后，家长要及时理解孩子的委屈，允许孩子表达愤怒和不满。这样做，孩子既可以感觉到被支持，同时也不至于在内心积下对老师的怨恨。

帮孩子创造价值体验：积极的体验是修复内心创伤的最好良药。当孩子被批评后，家长要有意识地帮助孩子去建立一些积极的感受。也许是一份整齐的作业，也许是一个精美的小手工，也许是帮妈妈做一次家务……总之，让孩子找到受表扬的理由，对恢复孩子的信心很有好处。如果孩子能因此得到老师的表扬，更有助于化解他被冤枉而产生的负面情绪。

小心你的夸奖绑架了孩子

即便是只有几个月大的宝宝，听到有人对他说“你真棒！”“你做得太好了”的话时，也会表现出开心甚至兴奋，而随着他们渐渐获得了语言，更能明白大人的语言所表达的意思时，对于夸赞的话就会更加敏锐。不过，虽然夸赞的话很容易在三岁前的孩子身上起作用，但并不意味着这些夸奖都是合适的……

（一）

“宝贝，你真漂亮……”“真是漂亮的小妞。”

可不是？看着自己的孩子，怎么都觉得可爱。

但是，忽然有一天，她开始在镜子前一件件试公主裙而直到发脾气，或者你买回的任何一件衣服她都觉得不满意，甚至百般挑剔不肯穿出门上幼儿园时，你是否能意识到，这正是曾经过度地、频繁地夸赞孩子漂亮所埋下的“伏笔”。

寻找自信自尊的资源是每个孩子的本能。而父母对孩子的态度，最有可能内化成他们的内在资源。

当父母夸一个孩子漂亮时，孩子心里会很开心，她因此真的会认为自己是漂亮的，并以此为荣。

然而，她很快会发现，周围比她漂亮的小伙伴，或者她们同在一起时，她没有被夸赞漂亮而另一个小伙伴却被夸赞漂亮了。她希望通过努力让自己变漂亮，以得到夸赞和达到成为最漂亮的女孩的目的。但问题是“漂亮”似乎不是通过努力就能做到的，她小小的内心因此失落受挫，只好纠结于公主裙是否漂亮来转移内心的挫败感。所以，当一个孩子过度地挑剔衣着时，实际上她们在内心已经完成了“自我攻击”。

夸她脸上灿烂的笑容吧，夸她很棒的审美吧……这些方面，是孩子可以通过努力不断提升的。当孩子觉得属于她的东西是可以有上升的空间时，她既会努力提升自己，但也不会太被打击。

（二）

很多父母希望自己家的男子汉是坚强的、勇敢的，于是会不自觉地通过一切途径来强化孩子的坚强跟勇敢。

比如，蹒跚学步的婴儿倒在地上，咧嘴哭了，妈妈会说：“男子汉，不怕疼，爬起来！”

当孩子生病，到医院打针时，爸爸更是提前说：“哭是小姑娘才做的事儿，咱男子汉才不怕疼呢。”当孩子真的没有哭时，妈妈又赶紧说：“真不愧是男子汉！”

看起来，父母的大拇指在不停地向孩子翘起来，但是你有没有意识到，你正在一点点地扭曲孩子的直觉能力呢！

饿了，冷了，不舒服了会哭，舒服了会安静，渐渐地，开心了会笑……仔细观察一个刚出生的婴儿，你不难发现婴儿的这些反应。

没错，人类的很多体验是天然的、是本能的，这是我们生存的需要。这些反应本来无所谓好坏，但是，我们的文化和偏见却对这些情绪做出了太多人为的批判。

比如，一个认为哭泣是耻辱的父母，会禁止孩子哭泣。所谓夸奖，不过是他们达到不让孩子哭泣的目的所使用的手段而已。

但是，殊不知，父母的评判会抹杀孩子宝贵的直觉能力。所谓直觉能力，是指对一个问题未经逐步分析，仅依据内在的感知就能迅速地对问题答案作出判断、猜想、设想，或者在对疑难百思不得其解之中，突然对问题有“灵感”和“顿悟”，甚至对未来事物的结果有“预感”“预言”。比如，篮球之神乔丹曾经说过，在篮球场上只要他投出球他就能感觉到球是会进的。这就是一种宝贵的直觉能力，这不仅仅来自日常的训练，更来自他的直觉能力未被破坏。

提前告诉孩子真相，更能帮助孩子做足心理准备。“有点疼，但能忍受！”“你可能会哭，但也没什么，一会儿就好，爸爸妈妈会陪着你的！”这些与事实相符的描述，更能让孩子内心获得力量，让他们真正勇敢起来，而非为了迎合父母的表扬，强装硬朗。

（三）

积木搭到一半“哗啦啦”倒下了，孩子生气地瘪嘴想哭，你对他说：“宝贝，你真的很棒了！”

正在学穿衣服的孩子，很费劲地解着纽扣，但最终还是解不开，他沮丧地哭了。你赶忙说：“宝贝，你已经很棒了，真的！”

孩子正在和小朋友们做游戏，但新的游戏孩子不如小伙伴娴熟，他一次次失败，快要哭了，你赶忙说：“宝贝，你做得很好了，鼓掌鼓掌！”

但是，你的表扬似乎失效了，孩子依然很沮丧。当然，你也很沮丧，为你失效的表扬。

对于自己是成功了还是失败了，孩子心里非常清楚，他们也会去找失败的原因，只是在寻找的过程中，他们有时候会感到沮丧、失望、着急、愤怒。这是非常正常的。但是，如果父母不去理解孩子的这些情绪，只是试图通过“你很棒！”“你做得很不错了”来夸赞孩子，孩子是根本接收不到父母的鼓励的。而且，父母这种与事实不符的描述，会让孩子觉得父母是不真诚的，是在欺骗他，进而，他会对父母在其他场合的表扬也心生怀疑。

在孩子做得的确不是很好的时候，去表扬孩子做得很棒，还会让孩子觉得父母是不能接受自己失败的，所以，他们一定要去强调孩子做得很棒来安慰孩子，同时安慰自己。这不但不能增加孩子的信心，反倒会削弱他们的信心。

描述事实，共情孩子的感受，更能支持到孩子。

“妈妈看到你费劲搭起来的积木倒了，你很沮丧是吧？”“你费劲地穿，还是穿不上去，你很着急，妈妈知道你很着急……”

妈妈平和的语气，理解的态度，都会让孩子感到是被妈妈接纳的。这本身就会增强他们克服困难的决心。父母需要相信，每个孩子心中都有积极向上的动力。

而接下来，父母也可以给予孩子一些方法上的指导，让孩子感受到来自父母的支持，他们因此会更有力量感。

家教锦囊

真诚地夸孩子：如果你只是为了敷衍孩子而表扬他，那还是收起那些言不由衷的表扬吧。要发自内心地表扬，首先你要真的认为孩子某个行为是值得表扬的，其次，你的表情、语气都要传递积极关注，这样的表扬才能抵达孩子内心。

启发式地夸孩子：“你的房子搭得好漂亮，是怎么做到的呀？”真诚的欣赏，加上关注的提问，会引导孩子去发现他自己内在的资源。不要担心孩子很小听不懂，孩子的理解力往往会超出你的想象。

看到过程：不仅仅表扬结果，还要看到过程中孩子的努力。比如，一个置身于充满混乱玩具的客厅的妈妈，也可以看到刚才孩子收拾玩具的行为，告诉他：“妈妈刚才看到你整理了自己的玩具，真不错！”

请不要戏弄孩子，他会当真的

姥姥要回老家了，每次分别前夕，都会对小外孙依依不舍，这次亦然，嘱咐我的话题都是有关如何照顾孩子的。

我深深理解妈妈的这份牵挂，于是禁不住对儿子说："要不，你和姥姥一起回老家吧，妈妈春节回去接你！"

只是一句玩笑话，儿子却眼圈红了，小嘴一瘪，很生气地说："不，我不喜欢听你说这样的臭话！"

"好吧，我只是征求你的意见，并没有说一定要和姥姥回老家。"我下意识地掩饰自己开玩笑的初衷。

"我要和妈妈在一起。"儿子说道。

"我知道了，我们不分开。"我回应道，心里再一次提醒自己——不要随便与孩子开玩笑，他会当真的。

作为成年人，我们往往很容易把对孩子说的话当作戏言，而孩子却是最容易把我们的话当真的人。

我们常常把玩笑当作幽默，但实际上，如果我们去细细琢磨自己对孩子说的玩笑话，往往充斥着居高临下的强势和没当回事儿的不尊重，而一旦有了这种内容，玩笑实际上已经不是玩幽默，而是一种戏弄了。

但纯真的孩子是会对我们所言的内容照单全收的。

我的一位朋友，一眼看上去就是标准美女，但她说，她从来不觉得自己漂亮，而且还会为相貌深深自卑，这种心态令人不解，也有不了解的人说她矫情。

但实际上，她对容貌的自卑体验是真的，原因是她小时候，妈妈说她长得丑，还叫她“丑妮子”。

我们现在去猜测，这位妈妈的话，很可能是言不由衷的，我们很多人不都有着正话反说的习惯吗？尤其是对自己至亲的人，带些贬损的味道，似乎就带上了谦虚的美德。

然而，无论父母亲的贬损出自什么目的，在孩子的心目中都会种下自卑的种子。

二十八岁的小彭总觉得自己很愚蠢，尤其在经历了两次失败的恋爱后，她对自己的否定达到了异常痛苦的状态，她觉得自己太傻了，掏心掏肺地爱别人，别人却把她的感情当儿戏，这让她痛苦不堪。

事实上，听小彭讲她的恋爱过程，她的男朋友并非没有真正爱过她。只不过后来不爱了，于是提出分手了。

但小彭却演绎出很严重的受害者情结——我太傻，所以容易被骗。小彭“我太傻”的自我认知，与她五六岁时的一次经历有很大的关系。

那一年春节，小彭父母邀请亲戚们到家里做客，小彭与亲戚的孩子们在一起开心地玩耍。这个时候，爸爸走到了孩子们中间，他给孩子们出了一道算术题。

哥哥姐姐们很快就有了答案，小彭却算不出，她掰着手指头算，觉得手指不够用。

爸爸说："那你加上脚趾啊！"单纯可爱的小彭，真的脱掉了袜子，对着脚趾头算了起来。

可让小彭不解的是，爸爸并没有听她的答案，而是很不屑地看了她一眼，说道："真是个傻瓜！你慢慢算去吧！"然后便扬长而去。

小彭说，那一刻，他看着爸爸的背影，小小的心撕裂般的痛。

从那以后，"你真是个傻瓜"这个声音就如幽灵般跟随着她了。

当然，这并不是说，我们父母某一个不当的行为，就一下子给孩子造成了多么严重的心理伤害。但父母的某一个行为常常代表着一个惯性模式，如果不有意识地察觉和改变，这个惯性模式将会一次又一次地出现在生活中，从而对孩子造成影响。

拿小彭来说，她最刻骨铭心的关于傻的记忆，是来自于父亲考算术题的经历，但事实上，这可能透露出，小彭的父亲在生活中的很多事情上，都会表现出对孩子的不尊重。

由此导致了小彭"我很傻"这个信念的产生。

因此，做一个时常觉察并不断成长的父母，真的是爱孩子的重要内容。

我们都不是完美父母，最终也做不到完美父母，在我们自己成长的过程中，也有着这样或那样的伤痛经历和未完成事件。但我们依然可以通过自己的成长，打破一些不合理的行为模式，我们的成长，必定会让自己的孩子受益。

正如美国著名心理学家丹尼尔·西格尔提醒我们的：“对自身的情感经历认识得越透彻，你就越能顺畅地与孩子沟通，增强他们认识自我的能力，确保他们的身心健康。”

当然，对父母来讲，成长不是一个容易的过程，但终归是值得努力的过程，随着对心灵的不断觉察，我们会清晰一点点，再清晰一点点。

拿我自己来说，这次与孩子开玩笑说让他随姥姥回老家，依然有着某些居高临下的味道，但比起儿子几个月大的时候，我当着他的面，对邻居们笑谈他有多能吃，他长得有多胖，已经好多了。

至少，我能够及时地意识到自己的不当行为，并及时纠正。

这也算是我在做母亲的过程中，在经历成长的过程中，给自己交的一份还算满意的答卷吧。

家教锦囊

避免哄堂大笑：三四岁的孩子，随着自我意识的发展，很在意别人怎么看待自己。经常会把别人开心的笑当作是对他的嘲笑，因此父母要耐下心来对孩子解释。另外，父母要避免在孩子出现一些可笑的行为时哄堂大笑，这样孩子会感觉到被所有人嘲笑，内心会有很大的压力。

避免当众评论孩子：孩子犯的错误，可以私下里进行批评教育，切不可当众嘲笑孩子的行为，这会很伤害孩子的自尊心。也不要通过逗孩子让他展示一些可笑的行为，三四岁的孩子已经很看重自己在别人心目中的形象，这样的做法让会他感觉到自己不被尊重。

孩子无理取闹，到底是为了得到啥？

接到老师的微信

“哼哼……妈妈，你晚上来接我，我不要爸爸来接我！”早晨收到幼儿园老师的微信，儿子通过老师的微信给我留言。

语气不开心，刚大哭过的情绪残余还在。

“好的！下午妈妈去接你！”我回复道。面前的电脑上，是正打开的文档。一分钟前，我在梳理这个早晨——这个混乱的早晨。到这里，开始有了头绪。

若再多说一句“宝贝，妈妈爱你”就更好了，我心想着，这句话至少在儿子放学后要说给他。

一切，都拨云见日了——不想去幼儿园、非要骑自行车、半路往回跑、拉着爸爸的手说要一个人待在家里……所有的这些行为，都有了答案。最深层的，不过是他想找回与妈妈的联结，找回妈妈的爱！

一个混乱的早晨

今天早上，老公有急事，我也有很多要处理的工作，我们都希望儿子能赶快去幼儿园。但是，又不希望最近建立的识字习惯被打破，于是，在这种节奏紧张的情况下，我给儿子进行了识字练习。

有三个字，他已经认了好几天都没有记住。

虽然我知道只要多巩固就一定可以记住，而且昨天新增的生字都已经记住了，但是“来”“去”“右”，这三个字学了好多遍了，还是记不住。

问题是，他对于学习记不住的字，态度不认真起来了，一会儿躺下，一会儿还故意从沙发上摔下来，我的心里已经火冒三丈了，一个声音升起：“不会可以，态度不端正不可以！”

“请你认真！”我尽量平静地说道，但我知道，我的焦躁和愤怒已经从每一个毛孔渗透出来了，儿子是个敏感的孩子，他一定已经觉察到了。

当他再一次不认真的时候，我觉得已经控制不住情绪了：“今天就到这里吧，你去幼儿园吧！”

我转身进屋，然后故作平静地说道：“不认真，今天就不可以玩游戏了！”

老公也急着出门，再加上他一直很反对儿子玩游戏，似乎是找到同盟的感觉，对儿子重复道：“你妈妈说了，不认真今天就不可以玩游戏了！”

我隔着房间听着，心里更加恼火。

然后，我听到老公让儿子穿衣服，儿子抗拒道："我不去幼儿园了！"

"这与去不去幼儿园有什么关系？"

"哼！我就是不去幼儿园了！"

"那你不去就自己待着，你妈妈一会儿要出去工作，家里没人！"老公说道。

"那我不穿短袖！"儿子又找碴。

"今天热！"

"不，我冷！"

"好，你穿短袖，再套上外套！"老公说。

衣服总算是穿上了。

"快点走，你们快点走，烦死我了！"我心想。事实上，电脑开着，我却不知道这一刻要处理的是什么工作。

然而，儿子的情绪终于因为自行车事件爆发了。儿子要骑自行车，老公已经没有时间将他的自行车再送回来，说不能骑！于是，儿子哭了起来。

我能听出，老公在强压着情绪，动之以情晓之以理。

终于出门了……

我无比郁闷，打开文档敲字，好梳理这杂草纠结的内心。

忽然，"咚咚咚"地有人敲门！我起身开门。儿子哭着进来了："我要骑自行车！"只有他们自己一个人，显然，老公并没有改变主意让他骑车，否则会回来帮他推自行车。

“那你自己搬下楼梯，妈妈搬不动！”我说。

“呜呜！我搬不动！”他继续哭。

“是呀，我也搬不动，只能下午放学的时候，让爸爸带给你！现在骑不了！”我说。

儿子哭着转身走出了家门，却又倚在门口的墙壁处。我轻轻地关上了门，却一阵心疼，我该抱抱他的，但是我又怕他哭好长时间，耽误我的时间。后悔、自责、心疼等各种情绪纠缠着我。

故作平静的掩饰下往往是冷漠和推开

终于忍不住给老公打了电话，嘱咐他安慰一下儿子。

一路上，儿子心情肯定是好不了了，后来老公来电，说儿子到了幼儿园非要回来，就算一个人待在家里也要回来，最后是被老师抱进了幼儿园。

老公说，下午放学的时候，一定要带自行车给他。

我想，这样是最好了，可以弥补儿子想骑自行车的心愿。然而，挂断老公电话没多久，我接到了儿子通过老师微信的留言：“妈妈，你来接我，我不要爸爸接！”

不是要骑自行车吗？骑自行车当然要爸爸带去啦？为什么非要妈妈接？

我明白了，什么自行车，什么不穿短袖，什么不想上幼儿园，什么要一个人待在家里，都不是儿子最根本的需求，最根本的需求是他要找回与妈妈的联结感，找回妈妈的爱。

我故作平静下流露出来的气愤和冷漠，逃不过儿子的眼睛，那一刻，他感觉到和妈妈的感觉断开了，他感觉难受，所有的不配合都是在宣泄情绪。

明知我搬不动自行车，他自己也搬不动自行车，他还是回来了，深层目的只有一个，他渴望妈妈和他恢复联结。

我虽然没有发脾气，但是，由于怕他耽误时间，采用了超理智的做法，使得他的修复尝试失败。

但从道理层面，他又说服不了我，他还是一个很讲道理的孩子，于是，他只好放弃要自行车的要求。但是他内心失落，有未完成的情绪，他站在门口等待什么，却又再次失望——我关上门了。

于是，一路上，他不开心，他和爸爸闹脾气，而和爸爸闹脾气，唯一能对接的点是自行车，爸爸没有帮他拿自行车。

到了幼儿园，他竟然做出要一个人回家待着的决定，在此之前，我们从来没有让他一个人待过。

这是赌气，也是勇气，更在表达一种驱力——我要回到那个与妈妈断开联结的事发地点，我要在那里找回与妈妈的联结。

最后，老师抱他进了幼儿园……

通过老师的手机给我发微信，是他的又一次尝试，好在，我已经渐渐冷静了下来，清晰了下来，虽然没有表达那句“宝贝，我爱你”，但是至少我带着爱的能量回复他说：“好的，放学妈妈去接你！”

然后，与老公打了一通电话，梳理了事情的前因后果，我们一致认为，一个母亲对孩子的影响，是怎么高估都不为过的。

孩子为了与母亲修复关系，在做一次又一次的努力

回放整个过程，可以清晰地看到儿子为了修复关系一次又一次的尝试。

当然，他最终被回应了，否则，他会继续尝试。而如果一直尝试不成功，他一定会非常失望。这样的事情多了，与母亲之间的信任关系就被破坏了。

而一个不确信自己被母亲爱着的孩子，便开始怀疑自己的价值，否定自己的价值，失去安全的感觉，这对一个孩子来讲是致命的。

因为对于一个自己还没有生活能力的孩子，失去母亲的爱，意味着他都没法活。

虽然一定的挫折会激发他继续努力，但是超过了，他就会习得性无助，干脆不努力了！

如此，他变得被动，可能会因为被拒绝而不敢主动爱别人，也不敢主动付出，还可能会变得主动拒绝。

虽然适度的挫折引发动力，但不要用在重要关系上，可以在具体的事情中，去激发孩子的努力。

如果用一棵树来比喻，具体的事情是树枝层面，而重要的关系已经是树根层面了，修剪树枝是在给树修形，剪掉树根则是相当危险的。

当妈很美好，当妈很挑战！

最后反思一下如何做吧！

能够避免当然是最好的。但是，话说回来，当我自己没有一个更高的境界的时候，那一刻我也是控制不住的，没办法彻底恢复理智。

但不管怎么样，其实当时是可以告诉孩子一句："妈妈控制不住情绪了！"这个是可以做到的。

这样一来，他至少明白，不是感情联结断了，是妈妈暂时无能为力了。

既然已经发生了，那就一定要快速地恢复。所以特别感谢幼儿园的老师帮着儿子给我发微信，让我们在最短的时间里有了一部分修复。

不过，这个事情一定不可以就这么过去，下午见了面，是一定要再去聊一聊的，告诉孩子，不是妈妈不爱他了，是那个当下我控制不住自己的情绪了。

好在，老公也答应说争取今天下午能两个人一起去接孩子，如果这样是最好的了，想起儿子每次见到爸爸妈妈一起来接时的开心喜悦，心里总算有了些安慰……

当妈不容易是不是？得有不断地自省才能配得上陪伴一个丰富的生命；

当妈很幸福是不是？你被一个人爱着，你曾是他的全世界，他经由你这个全世界，拥有认识全世界的勇气；

当妈很有收获是不是？被孩子的成长带动着成长，每一次危机，你都可以转化为机会。

所谓的困难，所谓的挫折，都是一次延展开来去深耕的机会，你依然可以选择，让它成为播种更多美好种子的机会。

当妈很美好，当妈很挑战，当妈是事业，当妈是功课！

家教锦囊

倾听孩子：孩子无理取闹的背后，其实隐藏着很多纠结的、自己也无法梳理清楚的情绪，家长要去倾听理解孩子。被理解的孩子，才能更快地恢复到澄明的状态。

及时沟通：如果你对无理取闹的孩子发了脾气，别忘了事后进行沟通。如果需要也要对孩子道歉，让孩子感觉到你是接纳他的，而不是在他最混乱的时候抛弃他，这样做更利于孩子安全感的建立。

父母吵架后，别忘了为孩子做“心理复原”

美国心理学家戈特曼研究发现，生活在父母互相敌视的家庭中的学前儿童，与生长在和睦家庭中的同龄儿童比，有慢性应激激素水平增高的症状。跟踪调查发现，待这些儿童长到十五岁，会经常出现逃课、抑郁、不合群、攻击他人、辍学等问题。

夫妻争吵中，难免会出现批评、争辩的现象，很多夫妻在情绪失控的状态下，甚至会说出很多诋毁对方人格的话，比如“你根本就没脑子！”“你简直是个废物！”

也有些夫妻，会将孩子牵连其中：“你看看，你把他惯成什么样了？有你这样当妈的吗？”

还有一些夫妻，吵得骑虎难下时，会拉孩子来评理：“你让孩子说说……”

然而，你知道吗？在这模糊不清的界限中，你们彼此间的攻击，很容易就变成了对孩子的攻击，孩子的自尊心在不知不觉中被破坏了。而被你当成判官的孩子，心理能量会一次次遭到分裂和破坏。

所谓的自尊心，是一个人认为自己是有价值的，值得被尊重的自我认知。孩子自尊的形成，主要依赖于父母或者是重要养育者的反馈。但是这个反馈线索并非只是父母对孩子，还包括父母之间的反馈方式。对于一个儿童来讲，他是在学习内化父母的很多行为特征来形成自己的行为模式的。但是父母间的相互诋毁，会直接影响孩子对自己的认识，他们会觉得自己“像”某一方的部分遭到了攻击。另外，面对父母的争吵，孩子常常会做“因为我不乖”的归因。如果父母在争吵时提及孩子，那就会更增加孩子的愧疚感，伤害他们的自尊心。

作为父母爱的结晶，每个孩子都希望父母是和睦相爱的，如果父母将自己的问题推给孩子评理，孩子会处于纠结、两难的境地，还会因没有平息父母的战争而自责。这是对孩子心理能量的极大破坏。

在情绪平复后，要有意识地告诉孩子，刚才的争吵是爸爸妈妈之间的事情，与孩子无关。并且告诉他，你因为情绪失控，说了一些让自己后悔的话，事实并非如此。

同时，一定要有心理疆界意识，分清楚哪些是夫妻的事情，切不可将无辜的孩子卷入战争。

频频发生的争吵，让家庭氛围笼罩着紧张和不安，这会破坏孩子的安全感与自信心，甚至影响到他们对日后婚姻的理解。

家庭氛围是孩子心智发展的摇篮。在和睦快乐的家庭氛围中，孩子会感到放松和安全；充满敌意和紧张的环境，会让孩子产生不安。经常提心吊胆，或是心态紧张，还会影响到孩子的注意力。

孩子最初对于家庭的认知雏形，来自他们对于家庭的体验。如果父母经常发生争吵，孩子就会形成“家是痛苦紧张”的认知，这甚至会影响到他们对未来婚姻的认识。

比如，一个在父母不和环境中成长起来的男孩，要么容易形成暴力的个性，要么会形成懦弱的个性；而女孩子，可能会变得过度依赖，出现早恋或者没有标准的择偶观，也可能会形成对婚姻的恐惧。总之，会对孩子未来的婚姻幸福造成不利的影响。

父母可以经常带孩子到家庭氛围温暖的家庭去做客，也可以在看电视时，针对温暖的家庭与孩子进行讨论。这样的对比也许会让孩子伤心，却可以让他形成对“家庭氛围”的多角度认识，避免形成“家庭是痛苦”的思维定式。

家教锦囊

就事论事，而不是攻击人格：夫妻间产生分歧是正常的。分歧产生时，尽量做到就事论事，想办法解决问题，而不是上升到对人格的打击。就事论事，会让孩子知道你们是在探讨问题，只不过比较激烈，而人格打击则是对人的攻击和伤害，会更令孩子恐惧受伤。

“我信息”表达感受，而不是推卸责任：“你又没有做晚饭，我感到很生气！”这是一种通过我信息表达感受的方式，它既表达内心的不满，同时也说明了是自己的感受；而“要不是找了你这样的人，我至于得胃病吗！”则是一种以偏概全的指责，是一种推卸责任。

前者，至少会让孩子明白哪个具体的事情令爸妈生气；而后者则完全是一种“全是你的错”的讨伐，对孩子起到了很不好的榜样作用。

有明确的和好仪式：有些夫妻，会在大的争吵后，不断发起小“余震”，但是，如果你已经身为父母，就要尽可能快地完成和好过程，而且最好要有明确的和好仪式。比如说，彼此微笑一下，或者是拥一下对方的肩，这些小仪式会让孩子知道“雨过天晴”了，而避免长久处于对父母吵架带来的恐惧中。

当然，值得提醒的是，任何补救措施都是亡羊补牢。要想真正地避免夫妻因争吵给孩子带来的伤害，更需要做到防微杜渐。夫妻积极学习经营婚姻的艺术，为孩子营造充满爱的家庭氛围才是根本之道。

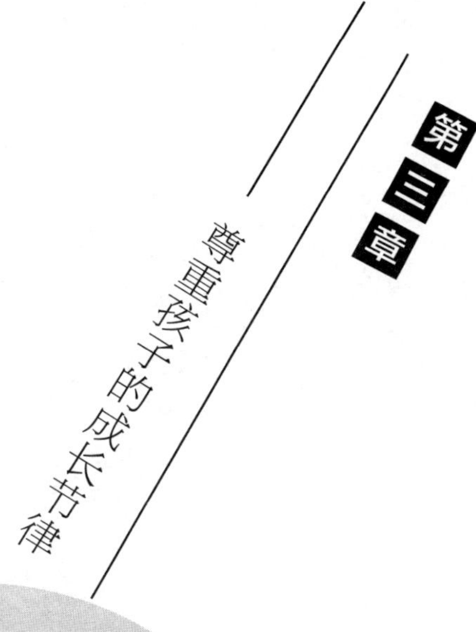

第三章 尊重孩子的成长节律

看别人的事情很清晰，而一旦自己陷入情绪中，便经常会迷失。因此，做个能常常回到自己内心，将自己不断看清楚的妈妈是非常重要的。如此，才能给孩子的支持更多一点点，干涉和打扰更少一点点。

做个支持孩子，而非扰乱孩子的妈妈

儿子到了四岁左右，对交友的需求明显变得热切起来。在此之前，他虽然也会与小朋友一起玩，但是对固定玩伴没有需求，和别人玩一会儿，他就去玩自己的了。但是，现在不一样了，他开始渴望有一个长久的好朋友，恨不得时时刻刻黏在一起。

由于上的是混龄幼儿园，每个小朋友所处的发展阶段不一样，这使得儿子最初的“亲密渴望”颇为丰富，不仅是他，我作为一位母亲，也经历着丰富的内心体验。

幼儿园组织亲子游，很多家庭在一起密切地接触了好几天。儿子很喜欢跟一位和他年龄相仿的小男孩一起玩，不过，比起儿子对一对一亲密关系的渴望，小男孩有着万能胶的特点，和谁都能玩，但和谁也没有特别亲密。

这样的差异让儿子很失落，经常玩得正投入，发现小男孩已经去和别人玩了，他的情绪就变得不好起来，哼哼唧唧地对我说：

“我没有朋友……”

看着儿子不开心的样子，我很想帮他，于是，我邀请小男孩到我们房间玩耍，除了用美食招待，还绘声绘色地讲故事给他们听，两个孩子度过了一个小时开心的时光。但是，小男孩一离开我们房间，便又去找其他小朋友了。看着他时而与儿子玩耍，时而又去找别人玩耍，我忽然明白，这就是这位小男孩的特点啊。儿子喜欢这样一位朋友，那就要接受这位朋友的特点，进而去磨合出属于他们的交往方式。我作为妈妈，能做的就是在他情绪失落的时候，给予他理解和支持，让他去经历他所遇见的。毕竟，我再爱他，亦是无法替代他跨过任何一个属于他要经历的挑战。

这么一想，我淡然了很多，我会在儿子失落时理解他的失落，又会在他开心地分享与好朋友的交往故事时耐心地倾听，如此一来反而发现他的情绪也越来越淡定了。

但接下来发生的一件事情，又一次将我的平静打破。一天晚饭时间，家长们还在吃饭，孩子们已经开始在院子里玩耍了。我无意中看到，儿子在和另外一个比他大的小男孩童童玩耍，儿子一跳一跳地迎向童童，童童却将地上的酒瓶盖一个个扔到儿子身上，儿子不但不反抗，还继续一跳一跳地迎向童童。

我的心立马像打翻了五味瓶，怎么会这样？别人打他不还手罢了，怎么不拒绝呢？我再也无心吃饭，走到两个孩子面前，蹲下来说：“你们可以一起玩，但是酒瓶盖不能打人，往空地上扔好吗？”童童笑眯眯地看着我，儿子则干脆没有理我。

不一会儿，我发现童童继续往儿子身上扔酒瓶盖，儿子继续笑着、蹦着。我的心生生地痛——为了找朋友，竟然能将自己低到尘埃里。

晚上回到房间，我努力地让自己平静了好一会儿，然后来到儿子面前，问："刚才你与童童玩得开心吗？"

儿子点点头，脸上带着笑容。

"他往你身上扔酒瓶盖，你疼吗？"我问。

"不疼呀，他在轻轻地扔！"儿子回答。

"那你也可以选择告诉他不可以打你呀！"我尽量婉转地说，避免给他贴上标签。

"不，妈妈，他就得打我，我是僵尸呀！"儿子说。

原来如此！儿子的话让我想起那款植物大战僵尸的游戏，想必是小朋友在一起互动这款游戏吧！

我还不甘心，于是我冲着儿子学僵尸蹦，儿子"咯咯"笑着，抓起桌子上的糖果向我砸来。

我恍然大悟，刚才，我只不过是将我内心的焦虑投射到了儿子的交往中。我看不到事实，也没有了解事实，只是带着焦虑的有色眼镜，去看待儿子与小朋友的交往，于是才对儿子有了"卑微到尘埃"里的理解——这不是儿子的，是我内心的焦虑。

这份焦虑是因为儿子交往没有满足时的情绪遗留残余，也有我对过往对这个世界的认知投影。但这些都是我的，不是儿子的。我告诉自己，收回我认为的，让儿子获得属于他生命的体验，我尽量只做一个生命成长的支持者，而非干涉者。

是的，我们常常一不小心就成为一位打乱孩子成长规律的干涉者。

我想起不久前与一位朋友聊天，他的女儿上高中了，颇为自己不能与宿舍姐妹打成一片而烦恼。而我的这位好友和他爱人，都属于很善于人际交往的人，他们从小觉得女儿一定要有好的人际交往能力，于是花很大力气培养，每年女儿过生日，他们都要花很多钱邀请班里同学吃饭或者游玩。但是，花了这么大力气，女儿的交往依然遇到了困难，好友很挫败。

我说："也许你的女儿就是这种安安静静的性格特点，她要深入交往的就是一两个朋友，但是你努力在把她转化到另外一种交往特征中。这等于在告诉她，她原本的特点不好，需要变成另一个样子。但你塞给她的是不符合她特征的，她最终没有学会，但却变得对自己具有的不再接纳！"

好友若有所悟，他说，看来，他是要去发现女儿，而非改变女儿。

这就是旁观者清，看别人的事情很清晰，而一旦自己陷入情绪中，便经常会迷失。

因此，做个能常常回到自己内心，将自己不断看清楚的妈妈是多么重要。如此，才能给孩子的支持更多一点点，干涉和打扰更少一点点。

家教锦囊

允许孩子去体验：无论是收获，还是挫败，孩子在成长过程中都需要去体验，这是他们认识世界的过程。父母往往是从成年人的世界去评判事情的好坏，但是孩子却无法跳过体验，直接进入到父母的认知，因此很容易有不合拍的时候。这个时候，父母要做的就是给予孩子体验的机会，当我们拿出耐心允许孩子体验时，自己的焦虑情绪也会减少很多。

发现孩子的特点：每个孩子都是独一无二的，在他们身上有着独一无二的品质，做家长的我们要善于发现孩子的品质，让他们发挥自己的长项，尽量避免拿别的孩子与自己的孩子过分做比较，这会导致孩子产生自卑心理。

你了解孩子的魔法朋友吗？

两岁以后，孩子的社交活动需求开始渐渐增多，家长开始重视孩子的伙伴关系，并认为这对孩子未来的成长有重大意义。这当然没有错。不过，家长是否意识到，这个时候，孩子的心中也有一个玩伴，比起外在的小伙伴，孩子在内在小伙伴身上投注的情绪、情感、需求更加丰富，我们且将它称作孩子的“魔法朋友”吧！

我的毯子哪里去了？

两岁三个月的贝贝无论去哪里玩都爱带着自己的小毯子，那是她出生时外婆送给她的，她小时候铺过、盖过，也在上面“便便”过，现在这小毯子贝贝走到哪里，总要拉拉拽拽地拖到哪里。贝贝妈妈觉得很“麻烦”，有几次把小毯子藏起来了，但每次贝贝都哭闹着找，直到妈妈将小毯子还给她为止。最近几天，贝贝睡觉总是要抱着小毯子。妈妈有些着急了：女儿是不是有些问题呀？怎么如此依恋小毯子？以后上幼儿园怎么办？会不会成了恋物癖呀……

其实贝贝的妈妈不用着急，对贝贝来讲，小毯子就是她心目中很亲密的“魔法朋友”，它能带给贝贝温暖、安全、可依赖的感觉，在一定程度上，这个“魔法朋友”和妈妈一样重要。

贝贝的这个“魔法朋友”在心理学上被称作“过渡性客体”。

随着孩子渐渐长大，他不再时时刻刻依赖母亲，当然，他也明白，妈妈不可能时时刻刻陪伴在他身边。但他会时不时地需要妈妈，这个时候，孩子就会在一些特定的物品上，投射对妈妈的情感和需求。过渡性客体可理解为关于母亲的第一个幼稚的象征，也可理解为孩子成长中的精神内部的想象力的符号——这是在儿童没有学会说话以前的符号。孩子玩过渡性客体，也是他操纵环境并与环境互动的起点。

由此可见，过渡客体对孩子的心理发展是非常关键的。

可以给小熊吃奶

乔乔两岁六个月了，和小朋友们在一起玩，乔乔对自己的玩具“把”得很紧。一有小朋友靠近，乔乔就拿着玩具跑了，有时候会为了和小朋友争夺一个玩具而哭闹、撕扯。妈妈很为儿子的“小气”担心。

不过，乔乔对自己的小熊倒是很不错，去公园时要带着小熊一起去，玩火车时也带着小熊一起玩。

乔乔妈妈还在坚持给乔乔母乳喂养，妈妈逗乔乔："给小熊吃奶，好吗？"起初，乔乔不乐意，小熊一"吃奶"他就往开推，但他渐渐地不排斥小熊了，甚至邀请小熊和他一起吃奶。

此年龄段的孩子，正处于"物品归属权"敏感期。他们的口头禅就是"我""我的""我要"。

这个时期的孩子不会分享，也不会"轮流"。

恰巧的是，处于同一时期的小伙伴也基本都有这个特点，所以，他们经常会因为一件玩具而起争执。周围过多的信息刺激，常常让他们感到无所适从，他们为捍卫自己的玩具而哭闹，甚至表现出焦虑和逃离。

但玩具小熊不会主动进攻，孩子在与玩具熊的互动中更主动，也更能把控信息的"进展"，他在这个关系中是感觉安定和从容的。在放松的状态下，孩子对物品的把控也会有所放松，进而表现出愿意分享。

而与玩具熊分享带来的快乐，将会为他日后与其他小朋友分享奠定好的基础。所以，孩子这个拟人化的举动对他的心理发展大有裨益，而小熊这位"魔法朋友"也成了他成长的必须了。

这是小黑猫的妈妈

两岁七个月的茗茗，最喜欢听妈妈讲"小黑猫"的故事了，妈妈一遍遍给茗茗讲，茗茗百听不厌，渐渐地，茗茗会对妈妈说："小黑猫，小黑猫的妈妈！"然后，指指爸爸，说："小黑猫的爸爸。"

后来，茗茗又听了鸭子的故事，对那只嘎嘎叫的鸭子又产生了兴趣。她经常“嘎嘎”地学着鸭子的叫声，跑到妈妈边上，对妈妈说：“鸭子来啦！”

再后来，茗茗又听了毛毛虫的故事，又听了小乌龟的故事……

有一天早上，妈妈正在忙碌着做早饭，茗茗很想让妈妈陪她玩，叫了几次妈妈，妈妈没理她，她便说：“毛毛虫的妈妈，快看看毛毛虫宝宝！”

妈妈被茗茗逗乐了，怜爱地抱起女儿，在她的小脸上亲了一口。茗茗又说：“毛毛虫的妈妈亲毛毛虫的宝宝。”

开始的时候，妈妈还有点担心茗茗是不是混淆了自己和这些“朋友”，但渐渐地，茗茗妈妈不担心了，因为茗茗大多数时候都知道自己是茗茗！

两岁半左右的孩子，开始钟爱角色扮演的游戏。他们开始懂得用一样物品置换替代另一样物品来做游戏。

比如，喜欢坐大巴车的孩子，可能会把自己的小床想象成大巴车，来上上下下地玩；再比如，他们可能会拿起某样玩具，放在嘴边做咀嚼的动作，假装是在吃好吃的东西。

在这个角色扮演的过程中，孩子们进行着回忆与想象，进而不断地认识和熟悉周围的一切。

茗茗把故事中的小黑猫、小鸭子等置换成自己，但她并没有弄混关系，自己的妈妈成了小黑猫的妈妈，自己的爸爸成了小黑猫的爸爸。

可见，这样的练习也是孩子在自主练习对周围关系的认识。

很多家长都会发现，处在这一时期的宝宝，经常分不清“你、我、他”，因为这样的代词具有相对性，而宝宝还没发展到能够理解相对关系的阶段，因此不能掌握好这些区别是很正常的现象。

通常情况下，家长会不断地纠正孩子以帮助他们清晰地认识，但实际上，孩子也通过某种方式在努力呢，只不过他们这种努力不是表现为焦虑，而是以一种生命驱使的自然方式。

茗茗将自己心目中的魔法朋友不停地置换，并将爸爸妈妈也代入角色，就是在自主地练习理清关系呢！只是，她的这种练习行为，连自己都没有意识到。是的，对于儿童来讲，成长和学习就是一种本然的行为。

家教锦囊

给孩子耐心：作为家长切不可生硬地剥夺孩子的过渡客体。其实，随着孩子渐渐长大，当在过渡客体上获得的情感得到足够的满足，就会对过渡客体不再那么依恋。虽然这个过程有时候长达两三年，甚至更长时间，但作为家长，应该给孩子这样的耐心。

尊重和保护孩子的“魔法朋友”：在孩子心目中，小黑猫、小鸭子这些魔法朋友对她的成长大有裨益，而作为家长做到尊重和保护，往往比担心和干涉更有意义和效果。

什么事情大人都要讲道理

三岁的奇奇，什么事情都要自己说了算，比如全家看电视到九点，准备关电视，奇奇不肯："不嘛！不关！"

妈妈洗衣服，打开洗衣机，奇奇就搬个凳子凑过去："我来开！"

妈妈在厨房做饭，奇奇也会很热心地跑到厨房："我来帮妈妈洗菜！"

不过，奇奇这横插一杠，哪里是帮忙呀，简直就是越帮越乱！

奇奇妈经常禁不住制止："不可以，这个不是你能做的！""你快出去，这个你弄不了！"

但是奇奇不甘示弱，妈妈越制止，他越较劲，实在不被允许，他就会大哭大闹。

后来，妈妈发现了奇奇的特点，那就是爱听道理："宝贝，咱们再看十分钟电视就关好吗？电视也累了，它要睡觉了！"

“宝贝，洗衣机转动时是很危险的，你离远一点好吗？”

“宝贝，你洗菜容易把衣服弄湿，我们穿上小围裙吧！”

这些道理，奇奇听进去后，就显得乖顺多了。

不过，奇奇妈有所担心：“这孩子这么要求讲道理，不讲道理就不听话。这么执拗的性格，出去与小伙伴打交道怎么办？小伙伴哪里有那么多耐心与他讲道理呀！”

当奇奇妈将自己的烦恼讲给心理咨询师时，心理咨询师笑一笑问道：“你了解别的小朋友在家的样子吗？”

奇奇妈摇摇头：“不了解！”

咨询师告诉奇奇妈，她的担心其实是多余的，是因为不了解这个时期孩子的心理特征，以为只有自己家的孩子如此，实际上，这个年龄段的孩子都经常会表现出这样的行为特点。

近代最有名的儿童心理学家让·皮亚杰做过一个经典的儿童实验：在桌子上放置三座山的模型，在高低、大小、位置上，三座山之间有明显的差异。实验时，先让一个三岁的幼儿坐在一边，然后将一个布偶娃娃放置在他对面。此时实验者要幼儿回答两个问题。第一个问题是：“你看到的三座山是什么样子？”第二个问题是：“娃娃看到的三座山是什么样子？”

结果发现，幼儿对两个问题给出了同样的答案，他只会从自身所处的角度看三座山的关系，如两座小山在大山的背后，而不能设身处地从对面娃娃的立场来看问题。

由此，皮亚杰证明了儿童“自我中心”的特点。

这里的“自我中心”是指幼儿只从自己的观点看待世界，难以认识他人的观点，认为所有的人都有相同的感受，经常假定其他人都在分享自己的情感、反应和看法。

所以，奇奇没有办法站在妈妈的角度上感受到妈妈的想法，他会认为自己的需要就是妈妈的需要，所以，他经常会表现出“理所应当”的执拗感。

如果妈妈这个时候很严厉地反对他，他会觉得非常委屈，他的思维无法从“应该”迅速地转换到“不应该”状态。

但是妈妈讲道理，却能够让孩子的思维慢下来，完成一个认识的转换。妈妈讲道理时的语言，相当于在教孩子一个知识，他会在这个过程中学会掌握生活规则。

所以孩子很多看似捣乱的行为，初衷并非是为了捣乱，而是他们认识世界的方式。家长只要肯耐心引导，孩子是可以听进去的。但前提是，家长需要用儿童听得懂的道理，尽可能地说出真实的情况，而避免用恐吓、威胁的手段。

当然，对于没有危险，或者在家长控制下能够避免危险的事物，还是要允许孩子积极尝试。

三岁左右的孩子，正是自我意识发展的第一时期，他们在学习语言中的“你我他”的时候，也在不断地去分清现实中的“你我他”，这个过程伴随着他们不断地确定自己是自己，别人是别人。

而积极的尝试和父母的允许和肯定，会让孩子产生价值感和自信心：“我可以做到，我能做到！”

多多是个四岁的小男孩，幼儿园老师觉得多多在很多事情上，都显得比较退缩。比如，小朋友们玩滑梯，多多只站在一边看，怎么都不敢上去；小朋友们争玩具，多多经常争不过，也不去争，动不动就委屈地哭鼻子……

在向多多妈妈了解了多多的抚养方式后，老师建议多多家长要多给孩子尝试的机会。

原来，多多从小是由奶奶带大的。奶奶腿不好，多多学走路后，特别担心多多会碰着磕着，不但家里的桌角墙棱都用布包好，而且也不允许多多在屋里跑。若是看到多多搬着小凳子在屋里跑，就更了不得了，一定会制止："不可以！会摔倒的！"

殊不知，奶奶认为的"安全保障"却极大地限制了孩子的发展，从而也影响了他自信心的建立，因为孩子正是在活动中去建立信心的。

儿童教育家蒙台梭利认为，一岁半到三岁左右的儿童会努力地完成一项活动，这样做源于内心的一种需求。当孩子的行为被打断，他们的性格就会因此发生变化，做起事情来也会失去目的性和积极性。

同时，蒙台梭利还发现，那些获得巨大成功的人在其儿童阶段很少受到干扰，持之以恒的态度可以被视为一种精神上的准备。

经常剥夺孩子的尝试机会，危害远远不止是剥夺他们成为杰出人物的可能性，心理学家研究发现，当成人经常担心孩子会累着，进而在孩子不需要帮助时去帮他们的话，是会打扰孩子正常心理发展的。很多有精神问题的儿童，都曾受过这样的打扰。

家教锦囊

创造条件让孩子去尝试：尝试是生命发展的召唤，家长应该创造条件让孩子去达成，而不是因为缺少耐心等待孩子去完成一件事而干脆帮着干了；或者为了安全而过度保护孩子。

好好和孩子讲道理：如果你真的觉得孩子应该以更合适的方式去做一件事情，那就与孩子讲道理吧！在你娓娓道来的道理中，孩子不但能学习到知识，也可以感受到妈妈的接纳。这都能很好地支持孩子信心的建立。当然，作为妈妈也完全不需要担心，孩子出去了是否也会如此执拗，每个孩子都要经历必经的成长过程，而家庭是给予孩子能量的源泉，你给得越充足，孩子越有能力面对外面的世界。

我不是为了惹你生气，我只是热爱生活

“刷刷刷，刷出一嘴小白牙！”

站在洗脸池前，我嘴角上扬，语速放缓，刻意亲切，以此调整着刚才看时间时带来的焦虑。

心里默念，但愿一切顺利，赶快出门，好能赶上儿子幼儿园的早餐和早课。

忽然，他嘟起小嘴，将和着牙膏的水喷到了镜子上，光洁的镜面马上模糊一片。

“你干吗？”我心里的焦躁开始窜动。还好，意识到了焦躁后，我深吸一口气，缓解好多。

“妈妈，你看，泡泡河流，亮闪闪的泡泡河流！”他指着镜子，说着嘟起小嘴，又是一口水，然后开心地笑了。

我仔细看模糊成一片的镜子，被他喷到镜子上的水滴，汇成一道道小水流，在光滑的镜面顺流而下，在镜子的映衬下，确实

像极了亮闪闪的河流。

“我还能弄出瀑布呢！”他兴奋而自豪地说。

“妈妈知道了！你太能干了。不过，妈妈告诉你，在幼儿园不可以往镜子上喷水哦，水弄到镜子背面会让镜子受损的。”我说道。

“嗯，知道啦，幼儿园镜子是公共设施吧？”他一边问一边从小凳上下来，刷牙工程算是顺利结束。

每一个淘气背后，都有一个成长的欲求。那是充满活力的生命具备的一种本然动力。

刷牙水，小溪流，瀑布，镜子……只有一颗充满童趣的心，才能生出如此的对生活的热爱。

我想起前几天“恐龙化石”的事情。

那天晚饭后，我收拾餐桌时发现残余的鸡翅骨不见了。

到了晚上临睡前，才知道残余的鸡翅骨都被放到一个盒子里，塞到了枕头底下。

“呀，你瞅瞅，把床单全弄脏了，你怎么这么讨厌！”我禁不住出言不逊。

“啊呀，你动了我的恐龙化石，你向我道歉！”他说道。

“什么恐龙化石，你看看你把床单弄得……”

他不高兴地皱着眉头看着我，怀里抱着那些鸡翅骨。

“衣服……”我忍住了接着唠叨，去给他找了一张硬纸板，告诉他把这些“恐龙化石”放在硬纸板上比较好，放到床单上会把床单弄脏。

然后，我便转身去做别的事，回来时却被呈现在眼前的恐龙骨架造型惊艳了。细致，用心，栩栩如生，像极了绘本中的恐龙骨架。

再无话可说了，只能感慨：孩子这本书，你真的需要耐心、再耐心地去品读。

意大利教育家蒙台梭利在《童年的秘密》中告诉我们："在儿童活动的背后隐藏着一种原因，没有某种动机，他就不会去做任何事情。如果成人要找到这些谜底，必须改变原有的傲慢态度，必须成为一个学习者，而不是成为一个支配者或者评判者。"

其实，每一个成年人曾经都是儿童，我们的内心都生发过对生命的无限热爱和对探索世界的无限热望，只是走着走着，我们把童心弄丢了。

我们自以为成熟了、通达了，但事实上却可能是丧失了、迷茫了。

我们在生活的激流中，迎合着社会的规则，却遗失了心灵的纯真。即便没有人要求我们去迎合什么，我们被焦虑和竞争裹挟着的内心也不由得翻腾在滚滚红尘中。

而孩子，犹如礼物，也犹如明灯，是上苍派来的天使，指引我们在盲从中，能有片刻回望生命本源的机会，能偶尔拾起星星点点遗落的智慧。

我们都曾是孩子！

对孩子多些耐心，亦是给自己一个听到自己内在小孩的机会。

家教锦囊

带上好奇心和孩子一起探索：如果你觉得孩子是在捣乱就会觉得很烦，但是如果我们成年人也能够拿出好奇心和他们感受这个当下的世界，你会被孩子的童心所感染，内心也会生起更多的耐心来。

找出对孩子未来的好处：孩子对世界的探索，都会促使他对这个世界了解更多，也是他未来适应这个世界的资本，这样一想，妈妈为了支持孩子的成长，就会更有耐心。

父母不凑合孩子，孩子将来才不会凑合自己的人生

前几天看新闻，某城市地铁 1 号线上，一位大妈为了一个座位和年轻人争执起来，大妈认为应该老年人坐，让年轻人让座，遭到年轻人拒绝，大妈竟然坐在了年轻人的腿上……

其实，关于地铁公交抢座的新闻屡见不鲜，也不总是与老年人相关。

也曾看到过一个报道：因为地铁上的一个座位，一位中年女子扯住年轻女孩的头发，打到最后，竟然拉扯女孩衣服，险些将女孩的内衣肩带扯开……

比起厮打支出的体力来，在地铁上站上几站地，真的不算什么，但那一刻，抢座者偏偏忘了什么更重要。

我想起自己坐地铁的经历，那时候做编辑工作，每天在电脑前坐好几个小时，其实对坐着真的没有渴望。

但踏上地铁第一件事，依然是赶快坐下，与同事面面相觑才

反应过来——哦，我们其实根本就不想坐嘛！

无论是坐在年轻人腿上的大妈，还是为抢座厮打的女子，再或者是我和同事，很多时候未必是多么迫切地需要一个座位——我们没有那么老，没有那么累，甚至最初并不想坐座位。

只是，我们那根竞争的弦绷得太紧，当环境中一旦流露出竞争的味道时，我们的内心就会蠢蠢欲动，就会下意识地分辨出输赢好坏，进而去奋力争取。

争取的背后，是一份深深的恐惧——害怕得不到，害怕不够好，害怕被落下……

在惯性的轨道上，我们被甩出去很远，才发现“那不是我要的”。

三十三岁的琪抱怨命运不公，说天底下不靠谱的男人咋都被她遇到了。

第一任丈夫不承担家庭责任，还有诸多恶习，最要命的是有酗酒的习惯，有时候会对她动手；后来，鼓足勇气离了婚，嫁给了第二任丈夫，丈夫却在结婚第二年就出轨，还提出离婚……

详细聊起两次婚史，不难发现，这两次的婚姻，琪都是将就着急匆匆地进入的。

想当年，在与第一任丈夫谈恋爱的时候，就已经发现了他的很多不良习惯，甚至她不止一次帮他还清赌博欠下的债。

她也想过离开他，但最终还是觉得嫁给他算了，至少，他不醉酒不赌博的时候，偶尔会温存地承诺：“将来等我有了钱，我一定要带你去……”

凑合着步入婚姻，直到伤不起，鼓足勇气离开。

那时候，她已经是一岁孩子的母亲了，她绝望地以为，这一辈子恐怕再也嫁不出去了。

就是那时候，遇到了第二任。起初，她直觉上觉得这个男人靠不住，但又似乎被一种力量驱使着，很快和他结婚了。

与琪一起分析那种驱使她将就着走进婚姻的力量到底是什么。

她沉默良久，擦拭着眼泪说："太想有个家！"

对家的渴望能够理解，但问题是，琪追求的这个家，其实只是一个形式。

追求"一个家"的背后，是渴望温暖，渴望归属，渴望被爱……而这些原本最想要的，和这个男人能不能给予她一个所谓的"家"，其实不是一回事。

只是，当不知道自己要什么的时候，她迷失在了一个虚空的形式中……

追求美好，想要得到好的，适合自己的，原本是我们天性的一部分。

意大利教育家蒙台梭利通过对幼儿自然行为细致、耐心、系统地观察后指出：儿童在每一个特定的时期都有一种特殊的感受能力。

这种感受能力促使他们对环境中的某些事物很敏感，对有关事物的注意力很集中，很耐心，而对其他事物则置若罔闻。蒙台梭利将其称为敏感期。

三岁左右的孩子，会进入一个"完美敏感期"。

妈妈给宝宝一个小甜饼，宝宝一不小心碰掉了一块，这下宝宝伤心了，大哭起来。

“没关系呀，还可以吃的！”妈妈不理解。

“不，不可以！”宝宝继续伤心地大哭。

妈妈觉得莫名其妙，甜饼只碰掉一小块，怎么就不可以了，这孩子也太任性了吧！

实际上，宝宝不是任性，而是他正处于“完美敏感期”。

对宝宝来说，甜饼不仅具有吃的功能，更具有精神欣赏的价值，是一种美好的象征。

他们就是在追求这种美好的感觉。这是孩子精神世界发展的一个重要方面。

从孩子的“完美敏感期”可以看出，追求好的东西，而不是在凑合中苟且偷生，原本是我们具备的一种生命动力。虽然我们心理的发展，不可能一直处于为甜饼一角而哭泣的“完美敏感期”，但是去争取美好的动力却是一直会伴随我们的。

我记着一件很令我感动的事情：今年春节，四岁的儿子想要一个玩具挖掘机，我带他去买。

我们先是去了一个超市的玩具专柜，他转了一圈，都只是看看，不选择。

我们又去了第二个，第三个玩具店，他依然只是看，不选择。

我有些累了，于是说：“这个看上去不错哦，要不我们买这个？”

他摇摇头，坚定地说：“不要！”

“可是，这也是你喜欢的呀！”

“可是我要买的是那样的挖掘机呀！”他不急不躁地说。

好吧，我只好带着他再去下一个玩具店。

当时是在内蒙古老家，我领着儿子穿过结冰的道路，从一个玩具店到另一个玩具店，功夫不负有心人，他终于在第四家玩具店买到了自己心仪的玩具。

而那辆玩具挖掘机，被他特意从内蒙古带回了北京，大半年玩下来，依然非常喜欢。

因为真心喜欢，所以倍感珍惜！

说实话，虽然当时觉得陪他选玩具太累，但事后又很羡慕他这份追求自己想要的，而并非凑合的坚持。

这背后有一份笃定：“我能找到我想要的！”“我配拥有我想要的！”

当然，也有一份对我与他关系的笃定——“妈妈会支持我找到我想要的！”

因为对这份爱的信任与安全，他敢放手去追求。

太随意的选择，其实是来自对爱的怀疑

二十八岁的晓菲，月收入不菲，但是依然是月月光。说起自己的花钱习惯，晓菲自己也很无奈。

“经常买一些自己不喜欢的东西，买了之后又后悔，下次还是忍不住……”

的确，打开晓菲的衣柜是堆成山的衣服，但是很多连标签都没有拆掉，理由很简单——不喜欢。

晓菲也很为自己这个习惯苦恼。

“那你当时看到不喜欢的衣服时，内心会有什么样的冲动？”

“当时觉得合适，就它了。但实际上，买了就觉得不合适了。”

“如果不买会怎么样？”

“不买心里就会很抓狂，觉得得不到了……”晓菲若有所思地说。

其实，晓菲的购物狂，与琪的情感状态如出一辙——害怕得不到，然后退而求其次抓一个顶数。

但凡如此的人，往往都有一个缺爱的童年。

晓菲说，她在很小的时候，父母就在外忙生意，在她六岁前的记忆中，几乎找不到太多与父母相处的回忆。印象最深的是，每一次在奶奶家，看着堂姐堂弟被叔叔抱上自行车，晓菲就有低人一等的感觉，她总偷偷地想，哪怕爸爸妈妈来接自己一次也好呀！

结果当然是令她失望的，爸爸妈妈一次也没有来接过她。偶尔的电话，已经是对她最大的安慰。

我们的心理就是这么奇妙，为了适应一个不利于自己的环境，我们是会不断地放低自己的要求。

无论是对爱情的凑合将就，还是对购物的饥不择食，说到底，都是害怕得不到而产生的盲目抓取。

为人父母，要在孩子需要陪伴的年龄，给予他们充足的陪伴，在孩子需要爱的时刻，积极回应。

被饱满地爱到的孩子，也会拥有更高的自尊与追求爱的笃信，在“我值得得到爱”的心灵背景下，孩子自然也就拥有了更多的幸福筹码。

家教锦囊

理解接纳孩子的小纠结：当孩子处于“完美敏感期”时，孩子的内心是多有纠结的，甚至于说孩子的情绪也会变得更为敏感。此时，父母们应该对孩子的情绪和行为给予一定的接纳，给予适当的包容。也许孩子的执拗会让父母多出很多麻烦，但是父母一定不要就此对孩子表示出过多的厌烦感。父母的包容会让孩子更加平顺地度过这倍感焦虑的阶段，让孩子实现自我喜好的养成，实现对自我意识的认知。这样才更加容易帮助孩子保持情绪上的平和，将孩子从无助的状态中抽离出来。

对孩子多些迎合：当孩子被“完美敏感期”所束缚的时候，父母可以选择适当的迎合。这会让孩子的心理状态更加稳定，自己的喜好被尊重的感觉也会让孩子更有安全感。所以父母不要轻易地去破坏孩子眼中的秩序，让孩子的喜好有被认同的机会。

八岁的女孩是否得了健忘症

八岁的菲菲是个活泼可爱的小姑娘，一进咨询室，就趴到了沙发上，将头探出窗子好奇地左顾右盼，还时不时地发出清脆的笑声。但是，带菲菲一起来的母亲却愁容满面。在让菲菲回避的情况下，母亲向咨询师道出了一肚子的烦恼。

原来，菲菲虽然活泼可爱，但却是一个记忆力极差的小女孩。菲菲妈妈一口气罗列了一堆“证据”:“她经常落东西，不是把作业本落下了就是把文具盒落下了，有一次竟然忘了背书包，反正类似这样的事情简直太多了。班主任一见我们就说 :‘你的女儿啊，小小年纪就糊涂得很。’老师这么说是有道理的，她每次考试，丢分都丢在了粗心大意上，比如说，算术的‘术’写成了‘木’，把除号看成了加号……总之这样的事情太多了，你给她指出来，她一吐舌头，马上就能改过来，可接下来，还是出现类似的问题，一样犯错。前不久在报纸上看到‘健忘症’一词，我就怀疑我女儿是不是也有健忘症。你说她才这么小，这么健忘如何是好……”

“那孩子平时落下东西你们怎么办呢？”咨询师问菲菲妈妈。

“哎！还能怎么办，就赶紧去送呗，有一次，她打电话给我们，说是忘了带语文书，我和老公把家里翻了个底朝天都没有找到，结果你猜怎么着，语文书就在她书包里。真是被气得哭笑不得。有时候我脾气急，看她这样，就忍不住说她几句，可这根本不管事，下次该忘还忘。”

“那孩子对自己感兴趣的事情能记住吗？比如说看了什么动画片。”

“这个能，比如看奥特曼，里面那么多怪兽，她记得清楚着呢！”

通过详细的了解，咨询师发现，菲菲的健忘并不是脑子出了问题，而是缺乏认真、严谨、负责、专注的做事态度。

从心理学的角度来讲，记忆是一种心理过程。指的是外界事物和思维在大脑中形成的条件反射被牢固地保留下来，以后再重新出现。一个人接受了信息以后，如果能长时间地保持，待到需要时能及时调动出来，那么这个人就记忆力强，反之则记忆力弱。而影响记忆好坏的重要因素之一，是与当事者识记时是否用心有很大关系。

菲菲丢三落四，就是不够用心的典型表现。比如说，因为对奥特曼感兴趣，菲菲就很用心，记得自然也就很牢固。而其他事情，她则没有专注和认真地记。这和爸爸妈妈的教育方式有很大的关系。比如说，父母的包办代替，女儿一落下东西，父母就帮着送去了，时间长了，女儿会觉得落就落了，反正父母会送来，而且也会混淆了自己和父母的责任。长此以往这种坏习惯就更被强化了。可父母急了只会责骂女儿，这实际上无济于事，因为她还是没有找到一种正确解决问题的方法。

其实，要想让菲菲改掉“健忘”的坏毛病并不是特别难的事情，只是需要菲菲父母的大力配合。

家教锦囊

· 帮助女儿养成良好的生活习惯

睡觉前把衣服叠好，看完电视把遥控器放回原位，吃过水果把果皮收拾干净……这些看似细碎的生活习惯，对菲菲克服“健忘”非常有帮助。因为这些可以帮助她建立起做事有条理、认真的好习惯。一旦这样的好习惯养成了，在学习方面也是很受用的。

很多家长认为孩子只要学习认真就可以了，这些习惯不必太在意。实际上，好的习惯可以互相迁移，坏的习惯也可以互相影响。所以，从培养孩子日常的一些好习惯入手，是很明智的一种做法。

· 适度惩罚

这里讲的惩罚不是打骂，而是适度地艺术地进行惩罚。比如说，菲菲忘带课本了，父母不要再急匆匆地赶去给她送，而是让她自己去承担没带课本的后果，如挨老师批评。这样一来，菲菲就会渐渐认识到，粗心大意的后果是需要自己承担的，而不是需要爸爸妈妈承担的。为了避免惩罚，她会渐渐养成为自己负责的好习惯。

· 正性强化

避免给女儿带上“糊涂虫”“健忘症”的帽子，这样的称谓对孩子的自尊是一种伤害，时间久了，孩子很容易形成一种破罐子破摔的心理。正确的做法是孩子出现好的行为的时候给予及时的鼓励。比如，今天孩子带好了课本，妈妈回去要夸孩子说：“今天做得不错，进步很大，其实只要用心，你会越做越好的。”在这里一定要避免用讽刺的语言说孩子，比如：“呦，今天太阳从西边出来了，怎么没有忘东西啊！”因为小孩子有时候分不清爸爸妈妈语言的真正意思，以为自己做好了也要受挖苦，那还是不建立这种好习惯为好。

· 给予方法的指导

其实孩子内心也是很不愿意丢三落四的，只是由于长期养成的习惯，让他们也不知道如何才能做好。这个时候，父母给予一些具体的方法上的指导就很重要了。比如，让孩子临睡前检查一下书包，为他准备一个精美的小本子，让他把老师布置的事情和第二天要带的东西都写在本子上，然后一一对应。当这些方法起效果的时候，孩子会很开心。这里需要注意的是，家长只给予方法上的指导，更多的工作让孩子自己去独立完成，而不要变成另一种形式的包办代替。

第四章 点亮孩子的内在力量

孩子犯了错，我们可以对事不对人地给予提醒批评，让孩子知道是他某件事情做错了，而并非他整个人都不好。我们有理由相信，一个自信饱满、认为自己值得被爱的孩子，会更有动力成长为一个健康美好的人。

不要用愧疚控制孩子

周一的早晨，我正在家处理一些要紧的工作，儿子来到我身边说："妈妈，陪我玩一会儿好吗？"说着，想将一只小恐龙塞到我的手里。

"你稍等，妈妈正在工作呢！"我对儿子说道。

"妈妈，你工作是给我赚钱对吗？"儿子的声音忽然由刚才的高亢变得有些微弱。

我抬头看他，他刚才举着小恐龙朝向我的小手已经放了下去，眼神中带有一丝不安。

"妈妈，你能陪我玩一会儿吗？"他微微低着头，声音更加微弱了，像是一个做错事的孩子。

儿子每天早晨上幼儿园前，都要我陪着玩一会儿。有时候我能马上满足他，有时候也需要他先等一下，但是，儿子像今天这么小心翼翼，还真是少见呢！

我停下手中的工作，对儿子说："可以啊，妈妈可以陪你玩！"

"可是你得给我赚钱呀！"儿子小大人似的说道。

我蹲下来，对儿子说："宝贝，妈妈工作的一个原因是为了赚钱，赚了钱，咱们全家人都可以花。比如，可以给你买好东西，妈妈自己也可以买好东西！不过妈妈工作还有一个更重要的原因，那就是我很喜欢我的工作。"

"你为什么喜欢你的工作呢？"儿子刨根问底地问。

"那你为什么喜欢玩玩具呢？"我问儿子。

"我高兴呀！"儿子用他平日的口头禅回应道。

"我工作和你玩玩具是一个道理，我也高兴呀！"我模仿他说道。

儿子"咯咯"地笑了，把小恐龙塞给我，我便和他一起去玩我们一起发明的恐龙吃美食的游戏了。

我知道，儿子之所以会有今天这样的反应，与最近一阶段姥姥讲给他的道理有关系。比如，儿子黏着我让我陪着玩的时候，母亲心疼我就会说："不要总黏着妈妈，你妈妈得休息呀，休息好了才能工作呀，工作了才能赚钱给你买玩具呀！"

再比如，我出门工作，儿子不想让我走，母亲就会说："妈妈工作是为了给你买好吃的啊，你不让妈妈工作，妈妈哪有钱给你买好吃的？"

妈妈是出于对我的心疼，但是这样的话说了几次后，我儿子记住了。所以，今天他想让我陪他玩，却又担心犯了错，影响了我工作。所以才表现出不同于往日的小心翼翼。

表面上看来，儿子是懂事了，但说实话，这状态却是我不想看到的。因为，他的懂事只是他因愧疚而压抑了真实的需要而已。

对于四岁的孩子来讲，想让妈妈陪着玩是正常的，不愿意与妈妈分开也是正常的。他需要表达自己的真实需求和情绪，而不是被附加了某种愧疚而表现出所谓的懂事。

因此，当我看到他眼神中那丝丝不安，我想我是必须要告诉他真相的：我工作是为了赚钱，但不仅仅是为了他；我工作更是因为我喜欢我的工作，享受我的工作，这几乎跟他没什么关系。

我自己从小算是个“懂事”的孩子，但是我这种懂事却常常是以压抑自己很多真实的需求、情绪为代价的，以至于成年后的我花了很多的精力，在做“找回”自己的功课。

曾几何时，我一直保持着对家人报喜不报忧的习惯，表面看，我是给我父母省心了，但是我却渐渐意识到，我将父母对我的关心推远了，我丢掉了和父母之前的亲近和默契；我做事情时，过分看重别人的目光，内心被很多条条框框束缚着……这些行为背后实际上都是一种愧疚心理在作怪，生怕自己给别人添了麻烦，或者违背了别人的期待，就会不被喜欢，甚至被惩罚。

这种愧疚心理的形成，与我的成长经历是分不开的，我从小就会被过多地告知，因为我影响了别人，我让别人受伤了。比如，我曾不小心玩水掉进过水缸，后来我家人多次说起，我把姥姥吓病了；再比如，我考试没及格，妈妈给我讲道理，说她受了很多委屈，是因为我，可我却不争气，考试都不及格……

提及这些，并不是说要去怪罪家人，我作为成年人，已经可以选择为自己负责，并感恩家人已经在那个当下，做到了他们能做的最好状态。但是对于明白了这一道理的我来讲，是有责任去帮助孩子心灵松绑的。

著名心理学家大卫·霍金斯博士曾分析了各类情感的能量等级，从最负面、伤身的情感到最正面、滋润的感情状态中，等级最低，也就是最负面的情感不是愤怒、悲伤、恐惧，而是内疚和羞愧。

一个习惯了内疚和羞愧的人，会看不到自己的价值，认为自己不配得到。这种不配得到会让他们不敢追求自己的理想，即便得到了，也会有自卑感，有担心失去的焦虑感，这使得他们不能淋漓尽致地享受自己得到的成绩或者财富。

所以，家长在孩子小的时候，不用内疚感和羞愧感去控制孩子，这对他们心灵的健康发展是很重要的。

家教锦囊

相信每个孩子都想成为最好的自己：也许，有的家长会担心，一个不内疚和愧疚的孩子，那不是无法无天了？他们还能会不断地追求上进吗？我们首先要相信，每个生命都希望成长为最好的样子，小孩子也不例外。我们需要给他们明确的规则，让他们知道哪些事情是不可以做的，哪些事情是可以做的。

批评孩子要对事不对人：孩子犯了错，我们可以对事不对人地给予提醒批评，让孩子知道是他某件事情做错了，而并非他整个人都不好。我们有理由相信，一个自信饱满、认为自己值得被爱的孩子，会更有动力成长为一个健康美好的人。

孩子落单，该如何支持他

儿子在三岁半以前，我虽然也带他与小朋友一起玩，但是，他对与别人互动没有太多兴趣，很多时候实际上是在人群中一个人玩，与大家只是一种“平行式”交往。

但从三岁半起，当他看到别人在一起玩的时候，眼神中开始有期待。我知道，这是他渴望交互游戏的信号。

经过一段时间的努力，他在幼儿园终于有了第一个固定伙伴——一个大他半岁的小女孩，两个人很是要好，形影不离。儿子一改往日的“吝啬”，每次拿了零食和玩具都会分享给他的好朋友，回到家还特别愿意给我讲他与好朋友的故事。

可惜没过多久，小女孩因为搬家转了幼儿园，儿子又落单了。

小女孩刚转走的那个周末，我带着儿子到幼儿园参加亲子活动，我们到了时，有几位小朋友已经拉手站成了一个圈，在孩子们的小圈外面是家长们拉手形成的大圈。

我很自然地加入了大圈，儿子则站在我的面前。这个时候，小圈里的五六个小朋友正开心地蹦啊跳啊，我正想说："宝贝，你和大家一起吧！"却见儿子将手指放到嘴里吮着，眼睛里有着很复杂的表情，他哼唧了两声，又继续一边看着活蹦乱跳的小伙伴一边吃着手。

我了解儿子，一般在焦虑的情况下，他就会出现吃手的行为。

此刻，他不是不想加入小朋友的行列，而是他觉得加入不进去。

于是，我忍住了要说出口的话，我知道，在这种场合下去督促他融入本来就融入不了的团队，他只会压力更大。这个时候，最好的办法就是接受他无法融入的状态。于是我松开一位家长的手，将儿子邀请到大圈里。在老师的带领下，大家活跃地转啊、跳啊，但儿子眼神中那抹失落与孤单，一直都如同淡淡的雾笼罩着。

我忽然想到，最近一段时间，本来已经适应了幼儿园生活的儿子，早上上幼儿园时，又开始哭闹，看来，是与他不能融入小朋友圈子有关系。

回到家，我与老公一起分析了儿子的交往现状。

儿子上的是混龄园，园里的小朋友大小不一，而且经过一阶段的入园适应，大家都有了自己的固定玩伴，形成了小圈子，但儿子因为好朋友转园这个特殊事件，不得不面对融入已有圈子的现状，这实际上是一种挺大的挑战。因为人际圈的一个特性，就是"圈里"的人，会维护圈子的稳定性，保护自己在圈子中的原有位置，对新的成员有一定的排斥性。这对想融入的人来讲，是有困难的。

想清楚这点，我们的心态都稳定了很多。

我想，也许找那些还没有融入圈子的小朋友是个好方法。于是，我鼓励儿子在分享日能将零食分给那些比他小的小朋友，但很快发现，我的这点努力是徒劳的。儿子宁可一个人单着，也特别不愿意与比自己小的小孩做朋友。我才意识到，大多孩子其实都是如此，喜欢追着比自己大的，不愿意接受比自己小的。同时，也更加明确，那些比儿子大的小朋友不愿意和他玩的原因了。

想明白这些之后，我们一方面多陪伴孩子，在他邀请我们与他做游戏时积极回应，一方面也用其他方式促进他的交友信心。比如，休息日的时候，我们带着他参加了朋友聚会，让他与一位很有人格魅力的伯伯交往，这位伯伯深得很多小朋友的喜欢。儿子主动问这位伯伯："咱俩是好朋友对吗？"得到伯伯的肯定回答后，儿子特别开心。

在小男孩心中，能与受人欢迎的成年男性交上朋友是件非常值得骄傲的事。当天回到家，儿子挺着小胸脯对我说："我有好多好多的朋友呢！"

我认真地回应："是吗？真羡慕你！"

在巩固了儿子的交往信心之后，老公又想到了改善交往"介质"。

平日里，我们很少给儿子看动画片，更多的时间是花在陪伴阅读上，我们对这样的教育方式很有信心。但在交往时却发现，很多小朋友玩的情景游戏，儿子不懂，他们拿的动画玩具，儿子也说不出故事。而他阅读中得来的故事，别人可能正好没看过。

这导致了他们缺少共同语言。

是妥协还是坚持？一番讨论后，我们决定，不妥协地让孩子去看那些我认为质量不高的动画片，但是可以给他买一些操作性强一点，又不需要故事情节的玩具，以帮助他搭建与小伙伴共同游戏的桥梁。老公经过观察小区小朋友的玩具，给儿子买了“爆裂飞车”。

而且，我们把儿子每天入园的时间尽可能往前挪，让他因为早到幼儿园，而在心里有主动感。

当我们把父母要做的支持做到之后，决定静下心来，拿出时间等待儿子的成长，谁又能说，这个过程对他未来的人生不是礼物呢？

这个周末，我们去接儿子，从老师那里得知，儿子已经找到了一位固定朋友——大自己一岁的一位小哥哥。在此之前，儿子跟随了小哥哥很久，今天终于能够很开心地一起玩了。

听老师这么说，我感到很欣慰。在成长的过程中，儿子靠自己的努力，突破了一个困境；而作为父母，我们也经历了如何支持儿子又不替代的过程。

育儿，真的是一段父母与孩子共同成长的旅程！

家教锦囊

教给孩子一些交友方法：孩子不会交往，其实需要大人的指点，教给孩子一些交往的方法，比如说把你的玩具带给谁谁玩一下，或者把你的好吃的和谁谁谁分享一下。如果条件允许家长也可以主动邀请一些小朋友到自己的家里来和孩子一起玩，让孩子感觉交朋友没有那么难，这对他们建立交往信心很有好处。

父母多陪孩子玩一玩：在孩子没有朋友的日子里，父母要多陪孩子玩一玩，和孩子一起玩游戏或者与孩子多互动。在与父母互动的过程中，孩子一方面会在一定程度上弥补缺少朋友的缺失，另一方面也会学会互动，学会做游戏，这会帮助他更好地与朋友们交往。

知道吗？你正在被孩子全然爱着的日子里

“妈妈，每个人都会死吗？”

“是呀！”

“那你将来也会死吗？”

“会的，在很久的将来。”

“是一百二十岁会死吗？”

“是的。”

“你死了会变成什么呢？”他继续追问。

“我想想，变仙女好不好？”

“不可以！”他忽然大喊，我看他时，他瘪着小嘴，眼泪汪汪的。

“我还要你变成我妈妈！一万万万年，还要变成我妈妈！”他忍着眼泪，带着哭腔，用带着命令的口吻说道。

“好吧好吧，我永远永远都做你妈妈！”我抚摸着他的头发说。

他破涕而笑，放心地继续玩玩具了。

看着围绕在我身边的小小的他，细品着刚才海枯石烂的承诺，我知道，孩子的心是认真的。

每个孩子都深深地爱着自己的爸爸妈妈，比起爸爸妈妈对孩子的爱来有过之而无不及。

只是很多时候，我们看到的是父母的奉献和无私，却对孩子内心世界那份对父母的爱容易忽视。

可以肯定的是，每个孩子的内心都装满着对父母的爱与祝福。

每一次分别时的不舍，每一次“我想爸爸妈妈”的告白，每一次相见时的欢喜，每一次依偎在身边的温暖……都是深深的、满满的爱。

偶尔会与儿子分开卧室睡觉，第二天清晨便一定会有一件幸福的事情发生。不论前一天晚上是跟谁在一起睡觉，睁开眼的第一件事情一定是找妈妈。

喜欢听着他的小脚丫在地板上踏出的急促的越来越近的“咚咚”声，喜欢听他“妈妈，妈妈”的呼唤声，还有接下来的温暖相拥。

我们都知道，父母在疼惜孩子，其实孩子的心头也在疼惜父母；父母想给孩子最好的，孩子也想给父母最好的。

至今说起依然令娃爸感动的一件事情，是儿子一岁半的时候，有一次生病发烧，爸爸将儿子抱在怀里。儿子醒来，伸出小手摸了摸爸爸的脸。

那一刻，娃爸一夜未合眼的疲惫，在儿子小手的触摸中都被驱散了。娃爸坚定地说，他感受到了儿子的那份心疼，一定是在安慰他别担心。

娃爸转述给我，我还有点不相信，总觉得孩子这么小，不会吧！

但娃爸坚定地认为，儿子就是在表达对爸爸的疼爱。

好吧，感受到的才是真实的，才是有意义的。好好珍藏这份被爱的感觉，才是最明智的。

正如蒙台梭利所说："儿童终将长大，这种形式的爱终将消失。到那时，谁还会像现在这个儿童这样爱我们呢？谁还会在去睡觉前，充满深情地说'和我在一起！'而不仅仅是祝我们'晚安'呢？我们永远找不到另一种与它相同的爱。"

是的，爱会一直在，但这种全然的、你是我全世界的爱，却只会在孩子小的时候存在。

像珍惜一朵春花一样，去珍惜孩子这份单纯的全然的爱吧，虽然它将会成为沉甸甸的果实，但终究不是这朵春花了呀！唯有珍惜才不辜负。

告诉自己，再敏锐一些，再多些耐心，再慷慨一些，再多些温存，再多些成长意识，再多关注些他的脚步，好能尽可能地呼应孩子内心那份全然纯洁温暖的爱。

家教锦囊

向孩子反馈你所感受到的爱：如果你感受到了正被孩子爱着，要告诉他："妈妈知道你很爱妈妈。"这样的表达会帮助孩子理清自己的情感。

对孩子表达爱：妈妈也要经常对孩子表达爱，告诉他妈妈很爱你。孩子渐渐地会明白，爱是流动的是相互的，他会学会以爱的方式去得到爱。

不被限制的心灵，才能拥有无限可能

一位阿姨送给儿子一台小国学机，里面收藏了近万个包括国学经典、音乐歌曲、童谣在内的信息，想听什么，就输入相对应的序号即可。

上个月，母亲来京，经常陪着儿子听小国学机，有一次，无意中听到了“好爸爸坏爸爸”这首歌曲，儿子特别喜欢。

姥姥回老家后，有一天，儿子拿着小国学机让我帮他找“好爸爸坏爸爸”这首歌，

我对着目录找了半天，没有找到，于是遗憾地对儿子说：“妈妈找不到了！”

他虽然不乐意，但也只好作罢，不过，他对这首歌曲依然念念不忘。

一天傍晚，我们正在做饭，儿子非常激动地告诉我：

“妈妈妈妈，我找到‘好爸爸坏爸爸’了。”他开心得手舞足蹈。

我过去看了一眼这首歌的序号，是“6173”。

我被惊到了，我确信，他还不会用遥控器对着国学机一个个地输数字。

就算是他会输数字，那这四位数他能记得吗？至少我没有发现他去记过国学机荧幕上的数字。

那么，如何在近万首歌曲中找到自己喜欢的曲目呢？

这是个迷。也许是巧合吧！

但无论是巧合，还是他按某种我们能想到的逻辑方法找到了这首歌，有一个事实是不争的——他心想事成了。

再比如，有一天，儿子想要去餐馆吃米粥就米饭。这个吃法首先就让我觉得不可思议，另外，当时已经过了饭点，餐厅要打烊了。

不过，我还是收起了自己的怀疑犹豫，决定带着他试一试。

我们进了几家餐厅，有粥的没有米饭，而有米饭的又没有粥。

“得，没有，我们回家吧！”我说。

但儿子不肯，非要再问问，于是我陪着他走进了一家刚开业的餐厅，这是一家经营面食的餐厅，有粥没有米饭。

正在我们带着失望即将离开时，老板热情地说：“这样吧，您先喝粥，我让服务员去帮您买一碗米饭！”

老板的回答真让人喜出望外，我们赶快向老板道谢。

不一会儿儿子如愿以偿地吃到了他想吃的米粥和米饭。

他再一次心想事成了！对愿望的简单相信真的好有力量啊！

类似这样的事情，在生活中还有很多。

每每发生，我都感到惊讶：“呀，你又心想事成了！”

与此同时，我也感慨，一颗纯净的心是有着多么强大的力量。

因为不设限，所以便拓宽了无限的可能性。

他在几万首歌曲中找其中一首时不会去想："这么多，怎么能够找得到？"他只是一心想着我很想听；他想要吃米粥就米饭时，不会想这样的饮食搭配很可笑，或者是餐馆两者都有吗？而是只觉得我想吃，我们就去找……

没有杂质的和怀疑的意愿，是心想事成的第一步，正因为纯净而笃定的愿望，才引发了毫不犹豫的行为。

在这个笃定的愿望中，他在内心中已经感受到了实现愿望的喜悦，这种喜悦也更助长着行动。

这是内心情感与行动的合拍。有心理学家将内心中愿望实现的想象称为"创造心理现实"。

我自己也有过一次很神奇的体验：儿时的一位特别要好的朋友，很多年未见，我会禁不住想，如果我们能够见面该多好呀。

每当这么想的时候，见面的画面就会浮现于脑海，那一瞬间，我内心的欢喜感像是我们真的见到了似的。

后来我们真的见面了，见面的情景、状态几乎是我想象中的翻版。

但是，如果当时的心力放在"怎么可能呢？"的怀疑上，这愿望恐怕是不能实现了。

心理学上有一个著名的"瓦伦达效应"。

瓦伦达是一个表演高空钢索的表演者的名字，他之前的表演以精彩绝伦著称。

直到有一次，他要为一位重要人物表演，表演难度虽然并没有增加，但他却失足身亡了。

事后，他的妻子说："我知道这一次一定会出事。因为他上场前总是不停地说，这次太重要了，不能失败；而以前每次成功的表演，他总想着走钢丝这件事本身，而不去管这件事可能带来的一切。"

心念之差，就导致了完全不一样的结果。

我们也可以认为，最后一次的表演，瓦伦达已经将心力放在了失败上而不是愿望达成的喜悦上，而之所以这样，是因为那一次瓦伦达想要成功的动机水平过强导致的。

我们一般情况下认为，动机水平越强，越想要，就越容易心想事成，事实上不是这样的。

心理学家耶基斯和多德森的研究证实，动机强度与工作效率之间并不是线性关系，而是倒 u 形的曲线关系。

动机强度过低时，缺乏参与活动的积极性，工作效率不可能提高；动机强度超过顶峰时，工作效率会随强度增加而不断下降，因为过强的动机使个体处于过度焦虑和紧张的心理状态，干扰记忆、思维等心理过程的正常活动。

只有动机处于适宜强度时，工作效率最佳。

可以说，动机水平适宜时，愿望是最纯净的——既不懈怠，也不那么焦虑紧张。

其实，无论是我儿子找喜欢的音乐、既有米粥和米饭的餐厅，还是我盼望与好友重逢，都是一种适中的期待，而并非执着到得不到就会怎么样的状态。

这种适中的期待，反倒让我们的心力和情感更能放在目标上，更能体验到得到目标的快感。

家教锦囊

不要给孩子的心灵设限：作为家长，该如何培养孩子心想事成的能力呢？首先，不要设限，我们避免用自认为的“不可能”的信念去灌输给孩子，而是给他去试一试的机会。让孩子在完成一件事情的过程中，尽可能伴随着开心快乐的体验。比如，孩子喜欢画画，但是又会把颜料弄得到处都是，家长这个时候如果批评孩子，就会破坏孩子在画画过程中的美好体验。然而，美好的体验是心想事成的发动机。

无条件地给予孩子爱：无条件地给予孩子爱，便是在保护他心想事成的能力。不用担心你的无条件接纳会宠坏了孩子。凡是那些所谓的被宠坏了的孩子，得到的不是无条件的爱，而是父母强加在孩子身上的需求，孩子真实的需求得不到满足，感觉不到被看到，便只能通过纵容自己的行为来进行补偿。只要孩子不伤害自己，不伤害别人，不伤害环境，那么，就让我们做父母的尽可能地去接纳孩子、爱孩子，父母的爱越包容，孩子越会具备心想事成的能力。当然，我们需要明白，心想事成是我们每个人的生命礼物，孩子这种心想事成的能力不是我们给的，是生命本然具备的，我们只是提供环境和保护而已。

让娇气的孩子变成小男子汉

餐桌前，小彭一点一点地撕着面包，任妈妈怎么催促，就是不肯加快速度吃完。看着一分一秒过去的时间，妈妈急了，拿起书包去牵儿子的手，儿子却“哇”的一声大哭了起来，边哭边喊：“我不要上学，我不要上学！”

妈妈知道，这与昨天下午发生的一件事情有关系。

昨天妈妈去接小彭，看到小彭的眼睛又红又肿，班主任老师告诉小彭妈妈，小彭今天下午又因为一点小事哭了。

原来，在下午上体育课的时候，小彭不肯出教室，老师问他为什么不出去，他说他受伤了，老师问伤在哪里了？小彭将小手伸到老师面前，老师一看，小彭的中指上起了一小块皮，这对小孩子来讲是很正常的，于是老师就动员小彭和大家一起出去活动。小彭很不情愿地出去了。结果，体育课结束之后，小彭和几个同学一同去卫生间，一个同学洗手时不小心将水溅到了小彭的伤口上，小彭就开始大哭起来，虽然那位同学不停地道歉，可小彭还是跑到办公室找老师了。

其实，对于小彭过于娇气的表现，妈妈早有察觉，也感到很无奈。小彭虽然已经七岁了，可是一点小男子汉的样子都没有，动不动就哭鼻子。

比如，过年的时候，妈妈带儿子到朋友家做客，朋友家有一只很可爱的小狗，孩子们都特别喜欢，得知小狗不咬人后，孩子们都纷纷地伸手去摸小狗。开始的时候小彭也站在旁边看，可后来小狗朝小彭走来，小彭竟然吓得哭了起来，妈妈只好将儿子抱起来。那天，整个吃饭过程，小彭都依偎在妈妈身边，不再和其他小朋友玩耍，一副受了委屈的样子。

平日里，小彭也不大爱和小伙伴们一起玩耍，小区里有好多和他差不多大的孩子，小彭通常只是远远地看，从来不主动加入，除非有小朋友过来邀请他，他才腼腆地加进去，但也显得很被动。小彭特别不愿意参与有竞争性质的游戏，有一次，他与一个小朋友玩“打仗”的游戏，可是刚玩了一会儿，小彭就对对方说：“咱们还是变成一队吧，我们可以把大树作为敌人。”看对方不同意，小彭便慢慢地退出游戏了。

孩子的这些表现，让妈妈非常着急。都说这是一个竞争激烈的社会，可孩子这么软弱娇气，将来怎么能适应社会？更何况还是个男孩子，这样下去怎么得了。无奈之下，妈妈带着小彭走进了心理咨询室。

咨询师经过与小彭妈妈的沟通，了解到小彭家里的一些情况。

小彭的爸爸经常出国，小彭主要是由妈妈来带。小彭的爸爸妈妈都是独生子女，小彭从出生起，不但被爸爸妈妈当成掌上明珠，也被爷爷奶奶、外公外婆当成心肝宝贝。他们不但对孩子加倍呵护，而且永远强调安全第一，看到一些报纸上报道的孩子被拐骗的消息，全家人更是小心翼翼。有一段时间小彭上学的时候，要两位老人一起去送，回家后，便不再让他出门，哪怕是在小区里玩耍，家人也会很不放心。

咨询师认为，小彭的娇气与家庭教育有很大的关系。

从发展心理学来看，七岁的儿童处于童年中期，这一年龄段的孩子，自我概念开始发展，他们开始考虑我是谁？我是一个什么样的人？我跟别人有什么不同？而这些自我概念的形成，依赖于外界反馈的信息。小彭的家人过于保护娇惯小彭，容易让小彭在心中形成“我是娇气的、我是需要被呵护的，我是怕受伤害的……”的自我概念，于是在行为中，他们会让自己的行为去符合这一概念。比如说，对小狗的过分恐惧，手破了一点就哭鼻子，就是因为这个原因。

其次，小彭的成长环境中缺少成年男性的榜样，也是导致他性格软弱娇气的原因。在教育孩子的过程中，母爱和父爱的功能是不一样的。母爱让孩子感受到温暖、体贴，而父爱则让孩子学会坚强、竞争、勇敢。但是，由于小彭的爸爸常年在国外，而爷爷、外公作为老人，对孩子又表现得过于溺爱，这导致了孩子的生活中缺少坚强勇敢的榜样。对于模仿力极强的孩子来讲，男性榜样的缺少是学习过程中的一个缺失。小彭不愿意参与竞争性的游戏就很好地说明了这一点。

另外，随着年龄的增长，儿童开始渴望被同龄人接受，而且与同龄人融洽的交往也是他们自尊心建立的重要条件。但是，小彭娇气的性格势必会影响他与小朋友的融合，甚至有可能遭到小朋友的排斥，这会伤害他的自尊心，让他产生“我是不可爱的，我是不受欢迎的”等感受，进而让他变得更回避与小朋友们交往，导致性格更加软弱娇气。

家教锦囊

让孩子感觉到自己是被需要的：成长于溺爱家庭中的小彭，不缺少被爱被呵护的体验，但是却缺少被需要的体验。一个人当他感觉到自己是被需要的时候，内心会产生一种力量感。因此，建议小彭的家人能经常为他创造他是被需要的机会。比如，妈妈晚上要去买东西，就可以对儿子说，妈妈一个人不敢走，你能陪妈妈去吗？而对于孩子一些主动付出主动承担责任的行为，一定要及时强化。比如，可以说：“呦！咱家有个小男子汉就是不一样！”这样的话，既在提醒孩子明确性别角色的要求，也有助于孩子信心的建立。

教给孩子自我保护的方法：家长担心孩子的安全问题是可以理解的，但是，小彭家长却采用了简单处理的方式，比如说，不让孩子出门。这实际上是在剥夺孩子体验外部世界精彩的权利，而且孩子一旦遇到危险，依然会不知道该如何处理。恰当的做法是应该用适合孩子的方式教给孩子恰当的方法。通过童话引导孩子是个不错的方法，比如“小兔要想不受恶狗的欺负，它可以和他的好朋友在一起，也可以不离开兔爸爸和兔妈妈……”这些童话实际上都是在教孩子自我保护。当孩子学会自己保护自己时，他就获得了一定的安全感，就不会总是表现得退缩怯懦了。

巧妙地赋予孩子“头衔”：平时可以有意识地给孩子赋予头衔，比如说“从现在起，你就是勇敢的消防员”，小孩子很容易被引导进入角色状态。一旦孩子遇到挫折，又表现出娇气的时候，你可以说“消防员叔叔都是很勇敢的，你现在是消防员了呀！”然后，就不要再关注孩子，去干自己的事情。这一招，要比你去哄他或呵斥他停止哭泣要好得多。

帮孩子融入团体：小伙伴之间的相互学习是非常重要的，家长要鼓励孩子融入团体。初期的时候，家长可以多陪孩子一同游戏，甚至可以做游戏的组织者，鼓励孩子邀请其他小朋友加入。在自己家长的陪同下，孩子容易产生安全感，当体验到和小朋友们融入的乐趣的时候，孩子渐渐就愿意与同伴来往了。同时，家长还要有意识地让男孩子接触成年男性，比如说信得过的亲戚朋友，他们的引导和鼓励，将很有助于孩子建立起坚强勇敢的个性。也要让爸爸多给孩子写信，多与孩子通电话，而且，要以一种平等的口气与孩子对话，渐渐地，孩子就会觉得他和爸爸一样，是个男子汉了。

如何让单亲孩子感受到父母的爱

（一）

津津是一位正在上小学三年的女孩，最近她的情绪很低落，不与同学们玩耍，放学后也孤零零的一个人走，上课时还老走神，学习成绩因此下降得厉害。老师经过了解，才知道津津的爸爸妈妈两个月前离婚了，津津跟爸爸一起生活。津津很想妈妈，但是爸爸以及奶奶家的人都不允许津津见妈妈，还说了妈妈很多坏话。津津心里特别难受，觉得自己被妈妈抛弃了。

面对父母的离婚，很多孩子会从自己身上找原因，他们会认为，是因为自己不可爱，爸爸妈妈才分开，同时也会觉得自己不再被离开的那一方爱了。因此，心里充满了忐忑和不安，因为父母的爱，即是孩子安全感的来源，也是他们建立信心和健全人格的基础，如果怀疑不被爱了，孩子的安全感就会被破坏，同时变得敏感多疑起来。因此，离异的夫妻，需要通过正确的行为让孩子感觉到爸爸妈妈虽然分开了，但是对孩子的爱不会改变。但遗憾的是，很多父母认识不到这一点，他们常常将孩子当成是报复或是要挟对方的筹码。比如津津的爸爸及他的家人不准津津去见妈妈，并在津津面前说津津妈妈的坏话，就是一种情感控制。他们的初衷只是为了报复和“惩罚”津津的妈妈，殊不知，却深深地伤害了津津的心。

（二）

自从和丈夫离婚后，王女士几乎将所有的精力都用在了儿子身上，每个月省吃俭用也要为儿子买最好的文具、最好的衣服。而且，对儿子的照顾也无微不至，生怕一有个闪失，儿子就会磕着碰着，导致他遭受更大的伤害。王女士经常挂在嘴边的话就是：“你爸不要你了，但你有妈妈，妈妈最疼亮亮了！”但颇令王女士苦恼的是，儿子亮亮在小朋友中总是很没有地位，甚至比他小的女孩子也能将他欺负得哭鼻子。每当看到儿子被欺负、被冷落，王女士的心真是刀割般的痛，心里也就更恨前夫了。

在物质上补偿孩子，是很多离异父母采取的方法，他们试图通过充裕的物质抚平孩子内心的创伤，带给他们“幸福”。殊不知，对于孩子来讲，幸福远远不止这么简单。比如说，他们需要精神的富足，需要内心有美好的体验，希望能感觉到被爱。

王女士虽然在物质上省吃俭用地满足儿子，但是却忽略了儿子的心理感受。她经常挂在嘴上的话看似在表达对孩子的爱，实际上是在折磨孩子的心灵。那句“你爸不要你了，但你有妈妈，妈妈最疼亮亮了！”一方面是在强调前夫不爱儿子了，另一方面是在突出自己在为儿子奉献。殊不知，儿子的天空是需要父爱和母爱共同撑起的，缺任何一方都是无法弥补的缺憾。王女士这样说，只会让儿子觉得失去了父爱。而对一个男孩子来讲，父爱既是榜样，又是力量，当他认为失去这些时，就会渐渐变得软弱、自卑，这就是妈妈疼亮亮，亮亮却窝囊受欺负的原因。

（三）

最近一段时间，鹏鹏总是闯祸，今天往表妹的裙子上甩墨水，明天又将外公的眼镜腿弄折了，后天又将外婆种的花连根拔起……气得外婆总向鹏鹏妈妈告状，甚至不想带鹏鹏了，认为是有其父必有其子。

半年前，鹏鹏的妈妈因丈夫有赌博酗酒的恶习与其离了婚，鹏鹏判给了妈妈。不过，妈妈并不能经常带儿子，自从离婚后，她就搬到了单位宿舍，鹏鹏主要是由外婆来带。可让人生气的是，鹏鹏总是闯祸，外婆也就常常打电话召唤鹏鹏妈回去教训儿子。每当这时，鹏鹏妈就禁不住担心：“难道真的是有其父必有其子吗？如果真这样的话，自己的苦日子何时是个头呀？”

很多让家长头疼的孩子，内心并不像外表看起来那么“强硬”，他们的心中，实际上埋藏着对被忽略的恐惧，同时也有着对爱的深深渴望。

鹏鹏的父母离婚后，对鹏鹏承担抚养权的母亲将鹏鹏交给了外婆带，自己却很少陪在儿子身边。这对急需父母安慰的孩子来讲，是很大的伤害。

鹏鹏在外婆家总闯祸，其背后很可能有着更深的心理动机。一方面，他希望通过闯祸的行为来引起关注，因为他每次闯祸后，妈妈就会被外婆召回来，这样，鹏鹏就可以通过这种方法见到妈妈了；另外，鹏鹏也会通过这种行为来反抗外婆及母亲对自己的忽略以及不恰当的教育方式。

值得注意的是，鹏鹏的家人不自觉地将鹏鹏的行为与父亲的行为建立联系，甚至会断言有其父必有其子，这种标签对鹏鹏有很大的伤害。一方面，在儿子面前轻视他的父亲，会导致孩子深深的自卑，因为无论一个父亲多么糟糕，在男孩子心目中也是力量的象征；其次，家人的这一定论会形成一种无意识的“期待”，很有可能会导致鹏鹏的行为会不由自主地与父亲的行为靠拢。因此，若想纠正鹏鹏的不良行为，光用训斥的手段是难以奏效的，更需要家人拿出足够的耐心和爱心来对待孩子。

家教锦囊

对孩子做出承诺：很多父母会选择对孩子隐瞒离异的真相，实际上小孩子是很敏感的，他们可以感觉到父母的感情变化的，但是不知真相的他们会陷入无端的猜测中，比如，会猜测爸爸或妈妈不经常回来是因为自己不乖或是不爱自己了。因此，除非孩子正处于考试或生病等特殊时期，否则，家长应该将离异的真相告诉孩子，同时告诉孩子，爸爸妈妈对孩子的爱是不会改变的。这样的承诺，相当于一剂定心丸，让孩子在经历了短暂的伤心之后，能够比较快地抚平心里的伤痕。

不在孩子面前说对方的坏话：虽然离异常常伴随着对对方的很多不满，但作为父母，切不可将孩子变成打探对方的侦探，也不可在孩子面前说对方的坏话。相反，要让孩子记得对方的好，能对对方持一颗感恩、接纳的心。要知道，当孩子拥有了一颗感恩的心时，才能更敏锐地觉察到父母的爱，也就是能更及时地摄取心灵的养料，否则，一颗被种下仇恨种子的心，是很难感受到阳光的。

分开的一方更要学会对孩子表达情感：在父母刚分开的一段时间里，孩子的内心也常常处于敏感时期，他们会不由得去验证分开的那一方是否还爱自己，是否还想念自己。因此，分开的一方除了要经常探望孩子，打电话联系孩子，也要经常通过言语或书信等形式向孩子表达爱孩子的情感。良好的情感表达不但可以增进父母与孩子的感情联结，同时也很大程度上弥补了家庭不完整带来的遗憾。

你是“内疚控制型”妈妈吗？

所谓内疚控制，就是通过语言、表情、行为等方式，来让对方为自己的行为感觉到内疚、自责，控制者从而达到被同情、被顺从、被关注等目的。内疚控制在家庭教育中很常见，不少母亲为了让孩子服从自己，就会自觉不自觉地启动内疚控制，让孩子产生“是自己不好”“是自己对不起妈妈”等内疚、自责感，殊不知，表面上妈妈似乎达到了自己的目的，实际上，屡屡被内疚控制的孩子会出现诸如自卑、软弱、情绪低落、焦虑、攻击性强等各种心理问题……

（一）

可可是一个五岁的小女孩，认识可可的人都知道这个小女孩长得清秀可爱，性格却很内向，而且遇到困难也不愿意与人交流。

比如，有一次可可的杯子不小心打碎了，可可不和老师说，而是在其他小朋友喝水的时候，站在一边悄悄地舔嘴唇，后来老师问她杯子哪里去了，可可嗫嚅好半天才说杯子打碎了。“那为什么不和老师说呢？”老师问道。可可却咬着嘴唇，除了流眼泪什么也不说。

还有一次，邻居王大妈看到可可一个人坐在楼边的一个拐角处发呆，便问可可怎么了，可可一下子瘪着嘴哭了起来，在王大妈的追问下才知道，原来可可今天穿了妈妈新给她买的裙子，却被一辆开过水沟的汽车溅上了泥巴，可可怕妈妈责骂，便一个人躲在楼拐角发呆。

大家都奇怪，为什么同样是四五岁的孩子，别的小孩就生龙活虎，可可却总是闷闷的，动不动就哭鼻子呢？

其实，可可这种性格的形成，和可可的妈妈刘玮的教育方式有着很大的关系。

对刘玮来讲，可可的到来有些突然，在得知自己怀孕时，刘玮的第一反应是这个孩子不能要，毕竟自己的工作刚稳定，家里的经济条件又紧巴巴的，但是到医院做过检查后，医生却劝刘玮把孩子留下来，因为以她的体质，如果流产了，很可能就永远失去了做妈妈的机会。就这样，可可在妈妈的忧心忡忡中来到了人世间。

看着这个来自自己身体的小生命，刘玮也幸福过、喜悦过，但是，没过几个月，接踵而至的生活矛盾就将她的幸福和喜悦全都冲散了。先是公司找碴数落她的不是，导致她不得不主动辞职；

接下来是本来来照顾可可的婆婆生病了，只能回家乡治病，照顾可可的重担落到了刘玮一个人肩上。

一晃五年过去了，刘玮一直在全职照顾女儿。但是，这一切并非来自她心中的自愿，而是无奈。每当看到其他老人带着孩子在小区里晒太阳、嬉戏玩耍的时候，刘玮就想，为什么同样是女儿，同样是儿媳，自己就得不到老人的支持和帮助？否则，自己哪至于这么辛苦；而每当看到和自己年龄相仿的女人打扮得光鲜靓丽前去上班时，她的心里就更加失落，自己还没有来得及感受身为职业女性的优越和潇洒，怎么转眼就变成了围着孩子转的黄脸婆；而每当有时尚漂亮的女孩子从身边骄傲地走过时，刘玮心里就更不平衡了，自己不到三十岁，就因为有了孩子，和这些靓丽的女孩子比，就像出土文物似的。这么想着，刘玮真是有抓狂的感觉。

而这些不满和委屈，除了向老公发泄外，就是女儿可可了。尤其是可可不听话或是把家里弄得乱糟糟时，刘玮就气不打一处来，一边收拾一边气愤地发泄："我真是倒了八辈子霉，有了你这么个女儿。要不是为了照顾你，我至于过得这么窝窝囊囊吗？你这孩子还一点也不懂事，你就不能让我省心点啊！"有时候，老公要是触怒了刘玮，刘玮也是肆无忌惮地当着可可的面冲老公发脾气，发脾气的内容无外乎是为了可可，自己失去了青春、失去了机遇。每当这时，可可就躲在角落里悄悄地流眼泪，心里又害怕又难受。可可虽然只有五岁，但是她却有着同龄孩子少有的多虑与沉重，生怕一不小心闯了祸，又要被责备。殊不知，这种怕的心里既会约束可可的性格发展，也会让她在人生的道路上错失很多机会，甚至会产生更严重的心理障碍。

（二）

田鹏鹏是一位只有六岁的小男孩，在幼儿园里不太爱说话，但是却很爱闯祸。比如，他经常破坏公物，在桌子上总能留下小刀的刻痕。前不久，幼儿园里刚刚粉刷完墙壁，田鹏鹏却用沾满了墨水的手掌，在雪白的墙壁上留下了两个黑乎乎的小手印。还有，田鹏鹏偶尔还会打小朋友。对于这个表面上看起来乖得很实际上却总闯祸的孩子，老师真是琢磨不透。

不久前，田鹏鹏的一句话引起了老师的关注，田鹏鹏对一个小男孩说："趁他们好孩子不注意，我们坏孩子可以用水枪射击他们。"老师经过留意发现，在田鹏鹏的谈话中，经常会出现将自己归到"坏孩子"行列的言语。老师觉得，田鹏鹏这种心态对他的成长很不利，于是，建议田鹏鹏的家长能带着孩子去做心理咨询。

原来，田鹏鹏的父母在儿子三岁的时候就离婚了，田鹏鹏跟着妈妈王女士生活。在咨询师的引导下，田鹏鹏的妈妈逐渐认识到了自己的一些教育误区，而这些误区是导致田鹏鹏做个"坏孩子"的主要原因。

自从和丈夫离婚后，王女士的心情很不好，儿子成了他全部的希望。为了让儿子早日成长为一个顶天立地的男子汉，王女士很注重培养儿子的独立精神。同时，也会和儿子讲自己遭遇的坎坷。

“妈妈生你的时候，肚子疼得都要昏过去了，你爸爸都不管妈妈，但是妈妈一想到鹏鹏，精神头就来了……”

“你小时候发高烧，烧得都开始抽风了，外面飘着雪，刮着大风，妈妈一个人抱着你往医院里跑，你还记得吗……”

还不到两岁的鹏鹏，总是搂着妈妈的脖子，认真地点头。

王女士对儿子的要求是很高的，鹏鹏犯了错误，王女士一定会惩罚他。不过王女士发现，所有的方式对孩子来讲都不怎么好使，过不了一会儿就忘了。

有一次，王女士刚给儿子换了新衣服，嘱咐他不要弄脏了，结果没几分钟，鹏鹏就将衣服弄得一塌糊涂。那天，王女士身体不舒服提前回家，看到儿子这样，很生气，将计就计地说道：“妈妈昨天给你洗了那么多衣服，累得肚子都痛了，今天连班都上不了了，你还这么不懂得体谅人。”说着，把打过点滴的手背伸出来给儿子看。鹏鹏看到粘着胶布的手，“哇”的一声哭了起来，边哭边说：“鹏鹏错了，鹏鹏再也不气妈妈了！”看着儿子那样子，王女士很心疼，但那几天，儿子真的很乖，没有再将衣服弄脏。由此，王女士找到了一个教育儿子的好方式，只要儿子一不听话，王女士就用“苦肉计”来惩罚儿子。比如，一边数落他，一边讲单身带儿子的种种不易；或者做熟饭让儿子一个人吃，自己则躺在床上假装被气病了；王女士甚至还会用眼泪攻势，面对着儿子，一边委屈地抹眼泪，一边无奈地说：“我怎么就养了你这么不懂事的儿子呢？我这当妈的心血真是白费了！”时间久了，王女士自己都说不清楚，这么做是为了惩罚孩子，还是自己真的觉得委屈。

她只知道，这一招真的好使。

其实王女士的这种做法，表面上看起了作用，实际上却对孩子造成了很大的伤害。妈妈的“苦肉计”会让孩子觉得自己是个坏孩子，是个讨人厌的孩子。要知道，在孩子心目中，妈妈哭了，妈妈病了，都是天大的事情。而这个事情是自己导致的，那自己当然就是坏孩子了。这个时候，孩子心中会害怕会恐惧，但是却不敢表达，长此以往，这种坏情绪便被压抑下来了。划课桌、在雪白的墙壁上印手印、打同学……这一系列行为，很可能是鹏鹏释放压力的一种方式。同时，妈妈的行为会让鹏鹏为自己贴上“坏孩子”的标签，时间久了，他在心中默认了“坏孩子”的身份，便用行为去证明自己的“坏”。如果这种认识和行为被巩固下来，鹏鹏的发展将会受到多大的影响，恐怕是王女士想都没有想到的。

（三）

很长一段时间，蓓蓓妈颇为蓓蓓的一个坏习惯而担忧，那就是蓓蓓总爱咬手指。十个手指甲被咬得光秃秃不说，连手指上的皮也被咬掉了，看上去像马上要破了似的。

最近，蓓蓓妈的一位学教育的朋友来家里小住，总算帮她解开了这个疑团。

蓓蓓妈的朋友陪蓓蓓一起玩过家家，蓓蓓扮演熊宝宝，阿姨扮演熊妈妈，玩着玩着蓓蓓又开始咬手指，这位阿姨没有像蓓蓓妈那样打蓓蓓的手，而是装作熊妈妈的声音问熊宝宝：“宝宝是不是饿了？开始吃手指了？”蓓蓓摇摇头。“那宝宝是想妈妈了，开始吃手指了？”蓓蓓还是摇头。“那宝宝是为什么呀？能告诉妈妈吗？”蓓蓓装作小熊的声音说：“小熊不会弹钢琴，是个小笨蛋！”

从这句话中，阿姨听出了答案。对三四岁的小孩子来讲，通常会将自己当成游戏中的主人公，而游戏主人公表达的情感、想法，常常和孩子的内心想法是非常契合的。被问到小熊为什么吃手指，蓓蓓却说“小熊不会弹钢琴，是个小笨蛋”。可见，这是蓓蓓惩罚自己的方式，也是缓解焦虑的方式。

果然，通过和蓓蓓妈的沟通，这位阿姨的推断得到了验证。

蓓蓓妈从小就梦想学艺术，但是由于家境贫寒，这一梦想最终没能实现。有了女儿后，蓓蓓妈便希望在女儿的身上实现自己的梦想。

虽然夫妻俩挣钱并不多，但为了培养女儿，蓓蓓妈觉得再苦再难都值得。蓓蓓才过两岁，蓓蓓妈就为女儿报了舞蹈班，蓓蓓稍微大一点的时候，又给她报了围棋班，后来想到孩子将来要走出国门，英语是不能差的，于是又报了英语班……现在蓓蓓五岁了，她所参加的兴趣班已经超过了她的年龄数字。

为了女儿，蓓蓓妈干脆辞掉了工作，每天除了负责为女儿做饭，接送女儿外，还当起了女儿的兼职“教练”。

但是，蓓蓓有时候难免让妈妈失望，比如说，早晨有课，蓓蓓却不愿意起床，尤其是赶上下雨天下雪天，蓓蓓就更不愿离开暖和的被窝了。每当看到女儿这种懈怠的样子，蓓蓓妈就打心眼里着急，有时候还会赌气对女儿吼：“我求求你了，小祖宗，行吗？”听着妈妈那因生气失望而变了调的声音，蓓蓓就被吓住了，乖乖地起床。

有一次，蓓蓓早晨有英语课，可外面却下着倾盆大雨，蓓蓓磨磨蹭蹭地不想出门，还噘着小嘴抹起了眼泪，蓓蓓妈一生气对蓓蓓说：“妈妈在外面等你，你若不快点出来，妈妈就在雨里淋着。”说完，便冲进了雨中。蓓蓓看着妈妈在外面被大雨淋湿了头发，淋湿了衣服，便只好答应去学校了。那天晚上，妈妈因为淋雨而发烧了。不过，还是坚持给蓓蓓做了晚饭，蓓蓓吃饭时，妈妈便坐在旁边给蓓蓓讲道理：

“你觉得妈妈今天为什么发烧呀？”

“因为妈妈淋雨了！”

“可是妈妈为什么淋雨呢？”

“因为……因为我不肯去学校！”

妈妈搂着蓓蓓说：“是呀，妈妈因为蓓蓓不去学校都被淋感冒了，那蓓蓓以后怎么做呢？”

蓓蓓哽咽着说：“以后听妈妈的话……呜呜……”

妈妈满意地点了点头，给蓓蓓擦干了眼泪，边给女儿夹菜，边讲自己为了培养女儿付出的艰辛。

从那以后很长时间，只要蓓蓓不肯去学校，蓓蓓妈就会问女儿：“妈妈那次是怎么感冒的？”女儿一听，就算流着泪，也会跟着妈妈去学校了。

“蓓蓓咬手指，和你给她的压力过大很有关系。”蓓蓓妈的好友向蓓蓓妈说道。继而，又向蓓蓓妈解释，像蓓蓓这么小的孩子，参加这么多兴趣班，的确是压力太大了。和大人一样，孩子有了压力也需要宣泄，但是妈妈的“内疚控制”使得蓓蓓不敢将这些情绪宣泄出来，咬手指，就是在宣泄这些情绪。而且咬手指还发出了一个信号，那就是蓓蓓经常感觉到不安，而这种不安很可能与得不到妈妈的理解和支持有很大的关系。

听了好友的解释，蓓蓓妈才知道，自己原本以为是为了孩子好的行为，实际上却给孩子幼小的心灵带来了伤害。蓓蓓妈很心疼，心想，看来真的要学习一下爱孩子的艺术了。

家教锦囊

第一步：学会爱自己

从某种角度来讲，内疚控制是妈妈向孩子“索爱”的一种方式，妈妈希望通过使孩子内疚的方式，来得到孩子的安慰、关心、关注，进而愿意为了妈妈做一切事情。实际上，妈妈的这一做法是不成熟的表现，究其背后，是妈妈缺少爱自己的能力，因此才需要不断地验证孩子对自己的重视。要想摆脱内疚控制行为，妈妈们必须学会爱自己。

每天给自己一句赞美：“你是一个好妈妈！”“你是最愿意进步的妈妈！”“你是称职的妈妈！”每天早晨，对着镜子给予自己积极的肯定。这种暗示，有利于培养妈妈对自己的重视和认可，如此一来，就不需要向孩子索取了。

学会心疼自己：不要总是忽略自己，而一味地为孩子付出，否则，你会因此产生很多的委屈、怨气，同时也会对孩子产生过高的期待。而一句充满委屈和怨气的责备，对孩子心灵造成的伤害，要比少给他买一件玩具，少给他买一次零食多得多。为了避免委屈和怨气的产生，妈妈要学会心疼自己。时不时地为自己买件喜欢的礼物，让自己去看一场喜欢的大片，或者与闺蜜一起去听一场不错的音乐会。不要以为这样的做法“对不住”孩子，要知道，比起只会为孩子牺牲自己的妈妈来，会爱自己的妈妈更不会用内疚感来控制孩子。

第二步：学会享受做妈妈的感觉

做妈妈是一个女人一生中弥足珍贵的体验，珍惜这次机会，并用心地体验和享受，你的内心就不会再有那么多的不平衡；带着喜悦之情看待生活，你的付出伴随着甜蜜，而遭遇的困难也是催自己心灵成熟的必经之路。当你对生活带着一种感谢的态度时，就不会再用诉苦的方式来向孩子转嫁委屈，赢得同情了。

写进步日记：孩子的到来，除了带给你不知所措的慌乱和蓬头垢面的忙碌外，也会带给你很多进步。只不过当你的心放在抱怨和不满上时，那些进步也就如云遮日了。每天临睡前，拿出一些时间，清点一下孩子到来带给你的进步，你会惊喜地发现你更坚强、更从容、更丰富了，你的生活更有希望了……如此你会由衷地感激上苍让你有了做母亲的机会。

感受爱的流动：经常与孩子有肌肤的接触，不但会带给孩子安全感，也会让妈妈收获幸福。用心地感受孩子细嫩的皮肤，感受孩子与你亲近时的幸福和满足。无论多忙，每天都挤出半小时作为亲子互动时间，你可以给孩子讲故事，也可以和孩子一起做游戏。最关键的是，你能真正投入其中，感受期间的乐趣。游戏结束时，在心里对自己说："因为有了孩子，我变得更加年轻了""因为有了孩子，我又重新过了一次童年。"

第三步：拓宽视野，建立价值

我们每个人本质上都是独立的，因此，就算你是孩子最亲密的妈妈，也不要丢失自己，更不要将自己的价值、自己的面子、自己的理想统统放到孩子身上。否则，如果你将自己的价值弄丢了，就会生怕孩子无法帮你实现价值。因此，你才会不择手段地控制，而内疚控制只不过是你众多控制手段中的一种。要想真正地抛弃这种伤害孩子的做法，"妈妈要自强"是很关键的因素。

寻找自己的人生方向：抚育孩子是你人生的重要内容，但绝不是唯一的内容。妈妈应该经常问问自己："我的人生方向是什么？"找到自己的价值定位。就算你打算做一位全职妈妈，同样需要建立自己的人生方向。比如，你可以考虑在理财上大显身手，也可以在厨艺上更上一层楼。值得提醒的是，做这一切时，一定要告诉自己，这是为了富足你自己的人生，而不是"为了孩子"的付出。

建立自己的交往圈：交流和分享是女人重要的特质，也是减压、满足安全感、拓宽视野的途径，因此，作为女人，拥有属于自己的交往圈子是必不可少的。

经常与闺蜜保持联系，给予彼此心灵安慰；多参加提升生命质量的活动，比如美容沙龙、心灵成长沙龙；也可以关注对婚姻、家教、职业生涯有益的课程。这些活动除了能增加你的知识，丰富你的阅历外，还有可能让你找到志同道合的朋友。当你心灵的触角伸向外界，感受更丰富的世界时，那种来自心底的委屈和抱怨就会渐渐消融，你的孩子也就不会被你当成内疚控制的对象了。

第四步：学会管理情绪

情绪管理能力的好坏，不但决定着你的事业成败，同样也决定着你做母亲的成败。一个称职的母亲一定是一位管理情绪的高手。她知道怎么用好情绪来带动孩子，也知道在情绪不好的时候，该如何恰当疏导，而不是将满腹委屈和愤怒转嫁给孩子，让弱小的孩子承受“是因为自己不好妈妈才生气”“我对不起妈妈”的内疚感。

及时宣泄负面情绪：不要将负面情绪积攒起来，要知道，它们会慢慢地汇集在一起，在你的天空布下乌云，到时候，连你也搞不清楚谁是元凶了，最倒霉的恐怕就是与你关系最亲近的弱小的孩子了。因此，及时地宣泄负面情绪就显得很重要，处理的方式可以多元化，比如和朋友聊天，绕着小区跑几圈，或者边哭边写日记……总之，不造成更大的负面影响，不给他人，尤其是孩子造成危害的宣泄方式都可以用。

设置冷静角落：在家里设置一个冷静角落，可以是卧室，也可以是沙发的一角，并与家人约定，每个人心情不好的时候都要去冷静角落“降温”。当然，身为孩子的妈妈，你一定要以身作则。当这种调节方法变为一种习惯时，你的坏情绪就很少转嫁给孩子了。同时，你的做法对孩子来讲，也是最好的榜样。

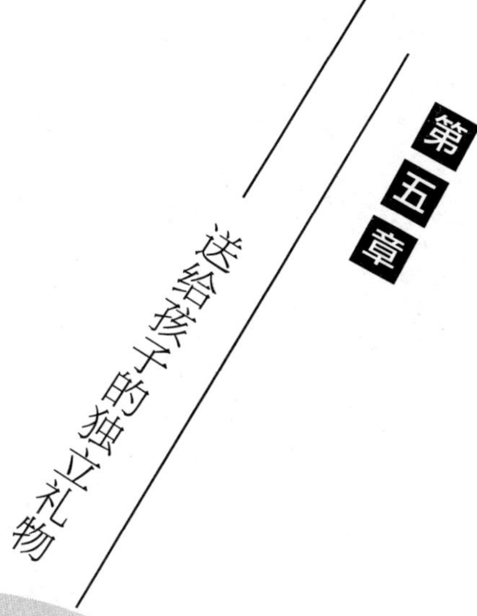

第五章 送给孩子的独立礼物

作为父母，我们不可能让孩子生活在真空中，我们无法去控制他所处的每一个环境，所遭遇的每一个互动。但是，我们依然愿意尽我们所能，多在他心中播种一些信任、美好的种子，而尊重和接纳无疑是种子生长的最好土壤。

告诉孩子，我们都不完美

这天，在经历了银行卡出问题、与人沟通不畅、工作效率低下等一系列烦心事儿后，又被娃爸临时通知去接儿子。

刚刚找到一点点的工作状态被打断，我不情愿地起身去幼儿园，心里只想着快点回家，晚上能接着做些事情。

但是路过蹦蹦床时，儿子执意要去玩一会儿，而且不容商量，已经箭一般地蹿出去了。对于我提出的只能玩十分钟的提醒也置之不理，他在里面蹦着跳着，我无可奈何地站在外面等着。

不一会儿，他又因为和别人发生矛盾而开始闹脾气，按照往常，我会去倾听他，帮他疏导情绪，这个时候，他是渴望我的支持的。

但是，我心里翻腾的情绪，让我根本提不起精神。我看着他，心里还蹦出两个字："活该！"

谁让你不听我的，谁让你来玩蹦床？

在不怎么痛快的状态下，他又玩了好一会儿，终于同意回家了。

天色已经擦黑，他东瞧瞧西看看，走得很慢，催他快点就是不肯。

“再不走，我就不等你了，你自己磨蹭吧！”我恨恨地说。

“那我害怕了呢？”他问。

“害怕，害怕活该，我才不管呢！”我大声对他说，然后快速地超出他好一段距离。

虽然我清晰地知道，假装抛下孩子是很糟糕的做法，但是，这一刻，失控的我不能自已。

他哭闹着回到家，躺在地板上打滚：“妈妈，你刚才扔下了我！”

此刻，我应该像平时那样，蹲下来，抱着他，听着他哭，这是一种联结断掉后的必要修复，但是能量超低的状态下的我，做——不——到。

内心纠结着，撕扯着，抱怨、气愤、自责、心痛……这些情绪一股脑地绞在一起，我想去抱他，却被一种力量推开，我的双臂怎么都伸不出去。

“我讨厌你，你是个坏妈妈！”他对我喊。

我深深地吸了口气，说：“对，我就是个坏妈妈，现在，你妈就是很坏！”

我的心深深地痛了一下，却又觉得那些纠结的、缠绕的、阻塞在喉咙处的东西在涌动、融化，继而在眼眶涌动，我感觉到了身体的放松，那股较劲的力量在渐渐松解……

儿子愣了一下："坏妈妈，坏妈妈，呜呜！你是坏妈妈！"

说着哭着扑进我的怀里，"哇哇"大哭起来，我拥抱了他，抚摸着他的背帮他疏导情绪，像平日一样。

渐渐平静后，他问我："妈妈，你刚才也控制不住情绪了对吧？"

我点点头："是的，我控制不住情绪了！"

"为什么呀？"

"因为，我的情绪太糟糕了，这种情况下，我只能做个糟糕的妈妈呀！"

"糟糕的妈妈！糟糕的妈妈！"儿子重复着，笑了，我也笑了……

我很想做一个好妈妈，也在一直努力做一个好妈妈，但我承认有时候我只能做个坏妈妈。

那一刻，那些梳理自己童年时修通的经验，那些发展心理学中学来的理论，那些育儿书籍中学来的道理，统统都先放在一边，我只能做个糟糕的妈妈。

这个承认，让我如释重负。

我一直坠落，好像落到了一个坑里，我不再飘着，不再自欺欺人。这个承认，让我的脚落到了地上，哪怕是在一个坑底。但脚落地的那一刻，也触到发力点。

三个小时后，儿子平静地睡了，当我坐在电脑前写下这些文字时，忽然意识到，向孩子承认我就是个坏妈妈是我今天最大的收获了。

这个世界上没有十全十美的人，亦没有十全十美的妈妈。

承认自己糟糕有时候比发现自己的潜质、发挥自己的优点更重要，因为这代表着我们有勇气面对自己的一部分阴影了。

心理大师荣格认为，阴影就是你所不愿意成为的那种人。

我们每个人的人格中，除了有我们想成为的样子外，也有很多我们可以回避的部分，我们为这部分感到恐惧、羞耻，这部分可能是胆怯、贪婪、恼怒、自私、懒惰，也可能是丑陋、轻浮、脆弱、残忍、冷漠……

总之，那些存在于我们身上，而我们又往往极力掩饰和压抑的特质，全都属于阴影的范畴。

比如，我想做个温暖的妈妈、理智的妈妈，但事实上，我一定有冷漠的一面、失控的一面。

但它们与温暖和理智一样，都不是全部的我，也不代表真正的我，却是属于我的一部分，属于我的性格小片段。

我需要承认它，让自己轻松，也给了儿子一个交代，让他知道他有一个有时候很糟糕的妈妈时，他会更加学会去面对一个不完美的世界。

连他最爱的妈妈都不完美，这个世界不是完美的，他也是不完美的，和我一样，有时候，他是个糟糕的孩子……

是的，我们都需要学会接纳“我不够好”，但我们不必担心这样的接纳会宠坏自己。

正如心理学家卡尔·罗杰斯所言：“当我如实接纳自己的本来

面目时，我反倒能有所改变了！”

我想，明天，我可能会是个好妈妈……

家教锦囊

对孩子坦诚：向孩子承认自己的“低能量”，承认自己情绪失控，承认自己失去理智，这种承认本身就是对孩子的一种安抚，千万不要强词夺理，在本来是自己失控的情况下，把错误推到孩子身上。

接纳自己：每个妈妈都不可能是完美的，都是在做母亲的过程中不断地自我成长的。要接纳自己的不足，接纳自己做得不理想的部分，意识到在那个当下，你已经尽了最大的努力。自我接纳，会让你更快地恢复能量，而自我否定，则更容易让自己陷入自我惩罚的状态，进而更容易以做一个“坏妈妈”来惩罚自己。

现在不放手，将来就别怪孩子总活在别人的脸色中

花小朵是一个可爱的四岁女孩，一天早晨起来，忽然提出要穿着凉鞋去上幼儿园。

当时已经是十月底，寒意渐浓，对于女儿的要求，花小朵的妈妈犹豫了一下："外面很冷的，会冻小脚丫的！"

"不嘛，我就要穿，穿凉鞋好看！"

"可是，没有人……"花小朵的妈妈想说，这个季节已经没有人再穿凉鞋。但是，还是把后面的话压了下去，继而说："好吧，那我们来试一试！"

于是，在那个寒意来袭的十月底的北京，小女孩花小朵穿上了自己那双浅粉色的露脚趾的凉鞋，随妈妈出门了。

开始时，花小朵蹦着，跳着，非常开心。看到她穿凉鞋，邻居们有些人笑笑，有些吃惊道："哟，多冷呀！"花小朵的妈妈微笑回应，也不多说什么。

调皮的枯叶沾着湿漉漉的寒露钻到花小朵的鞋子里，她的小脚丫感到不舒服了。

她抬起头说："妈妈，扎我脚了！好冷呀！"

"想换鞋子吗？"妈妈问。

花小朵点点头。

妈妈从书包里拿出一双运动鞋，将女儿抱在腿上，为她换上了鞋子，又将凉鞋仔细收好，放回了书包。

当我听花小朵妈妈讲起这个故事时，被打动了，被暖到了。

对女儿想要深秋穿凉鞋的尊重，允许女儿去体验她想要体验的，而不是将这份对体验的需求扼杀在"别人都不这样做啊"的从众中。同时，又为女儿提供默默的支持，在她想换鞋子的时候，换上鞋子，不多责备，也不去过度彰显一个成年人的经验——"冷了吧？我早说啥呢？你就是不听！"

当然，花小朵妈妈的第一反应，也想说："这季节没有人穿凉鞋"，这是思维的惯性，但是一个妈妈的成长与成熟，也正在于对自己信念惯性的察觉。

当察觉到了，便拥有了一个自由选择权——我可以选择不受以前信念系统和惯性模式的束缚，所以，才有了妈妈打住要评价的话，而尊重孩子的选择。

当然，妈妈的这份尊重，也给孩子的生命底色中，留下了一个声音："我是可以尽情体验生活的。"

花小朵的妈妈当然懂得，穿了凉鞋会冻脚，但比起冻脚来，女儿的体验更重要。事实上，感受到寒风吹到脚面的寒冷，枯叶沾着露水打湿脚丫的冰凉，是多么可贵而丰富的体验呀！

在她决定换鞋之前，她体验了那么多的快乐。这快乐并不会因为换了鞋而消失。

花小朵的妈妈可能也知道，女儿穿着凉鞋出门，会遭到一些人的侧目，但是，比起一个生命的自在体验，别人的目光和说法又算什么呢？所以，当别人说些什么时，妈妈只是微笑一下而已。

当然，温暖总是妈妈的一部分，所以，有了那双备在书包里的运动鞋……

而父母对待孩子的态度和方式，实际上不是凭空产生的，是受父母知识经验、过去经历、原有信念系统的影响的。因此，父母的觉察与成长，对孩子来讲才那么重要。

正如美国著名心理学家丹尼尔·西格尔认为的：了解自身储存记忆以及自我定位的方式可以帮助我们知晓“过去如何能够影响现在的生活”。

只有把自己从过去的枷锁中解救出来，我们才能和孩子建立起他们成长所必需的自然、稳定的亲子关系。

对自身的情感经历认识得越透彻，你就越能顺畅地与孩子沟通，增强他们认识自我的能力，确保他们的身心健康。太害怕别人的目光，是缺少体验的勇气。

依稀记得自己青春期时的忐忑，比如，买了一件新的衣服，不是想着这件衣服我穿了是否漂亮，也不是想着这件衣服我穿了是否合身，首先想到的是，这个款式，别人有穿吗？如果别人没有穿，我就担心自己穿了是另类。

还记得我当年就喜欢写点小文章，有一次在一本杂志上看到了征文，我便写了一篇参与了，但是留通信地址时，我却犯了难。留班级的吗？哦，不可以呀，大家没有人做这样的事情，我却这么做，多难为情？

最终决定留爸爸的地址。但是留了爸爸的地址，我也怕怕的，万一收到退稿信那就太没面子了……

最终，我绞尽脑汁想了一个办法——留我爸的地址，写我爸转谁谁谁，这个谁谁谁呢，我直接就用了笔名。当时想，如果是获奖的好消息，那是好事；如果是退稿，好像我的面子也好过些……

就这样，在忐忑中，我发出了这篇征文。

几个月过去，有一天爸爸回来，拿了厚厚的一个信封，一看里面就是书之类的东西，爸爸来到我身边，笑眯眯地问："你的吧？"

我几乎已经忘了征文的事情，接过来看到笔名才想起是我的。

我的脸一下子红了："是我的，您怎么知道？"

"我一想就是你的。"爸爸说。

我匆匆打开，是几本书和一个获奖证书，证书上的名字亦是笔名。

后来家里人还问我为什么不用真名，我搪塞了过去。

是我内心的敏感自卑呀，是我做一件事情之前，就想到别人会怎么看的负累啊，这些因素让我不敢用自己的名字。

后来渐渐长大，有幸能有很多心灵成长的机会。我知道，我为了“在意别人的目光”而付出过多少沉重的代价，也知道我为此多么难受挣扎过。

当我努力找回一点点做自己的勇气，都会有一种如释重负的感觉。

因为觉察到自己的经历，我便深刻地知道，一个人活在别人的目光里是多么消耗能量，而这些能量事实上是可以用来做更多的事情的。

当然，话说回来，每个人都有自己的功课，面对功课，就看我们如何转化了。

我的一个功课在教育儿子上，至少得到了很好的转化。

我儿子上幼儿园，比其他小朋友哭的时间都长，是幼儿园哭得最长的一个孩子。我向老师了解到他平时在幼儿园情绪很平稳之后，就不再介意这个事情。

我想，想哭就哭吧，当你想哭时没必要看周围人是否也哭，因为哭是自己的感受。唯愿，他从很小就能明白别人的目光没有那么重要。

之所以说别人的目光没有那么重要，不是说要狂妄、要刚愎自用，而实在是因为别人的目光很多时候都是我们假象中赋予的解释，而且即便是别人目光的真意，那多数也是错误的。

既然如此，还是少些虚假的错误的羁绊，更自由些吧！

其实，我们之所以那么在意别人的目光，是因为内心有一个背景音：“我不好！”“我不对！”

而“我不好”“我不对”伴随而来的是不被允许，被惩罚。曾经的记忆烙印，即便是我们已经成年人了，依然会时不时地冒出来影响我们的行为。

然而，比起理论和大道理，真正体验过的事情才更容易内化成我们的一部分，也唯有在体验中，我们才更容易去认识一件事一个人，包括认识自己。

曾经采访过一位心理专家，她在育儿方面颇有见解，谈到教育孩子，她讲了这样一件事：

她儿子刚上小学的时候，每天下午放学后都还像在幼儿园一样，回到家只是玩，而不是做作业。

她提醒过儿子，但是儿子第二天依然如此。

后来，这位育儿专家干脆横下心，决定让孩子自己去体验这个过程。

于是，在接下来的一周时间里，她都强忍着自己提醒的冲动，眼瞅着孩子一回家就玩，而什么都不说。虽然她的内心急得像火烧一样，但是依然克制自己不去提醒。

后来有一天，她发现儿子变了，回家后第一件事情就是写作业。

“咦，今天为什么要写作业呀？”她凑到儿子面前问。

“因为班里其他同学都完成作业了，只有我没完成，被老师批评了。我想，他们应该是一回家就做作业的。”儿子回答。

这位育儿专家心里窃喜，看来自己给孩子“做自己”的机会是对的。

作为父母，我们要多给孩子一些做自己的机会，好让他们在面对未来繁杂的信息和激烈的竞争时，依然能够在内心留下一个清静的角落，在那里可以真实地做自己。如此，对人生也少些辜负了！

家教锦囊

允许孩子犯错：放下自己的标准，哪怕明知道孩子这样是错的，只要在安全的范围内，也要让孩子去亲自体验，孩子对世界的适应感，其实就是这么一寸一寸地扩张开来的。犯错会让孩子去总结，去突破，对孩子成长来讲，是必须的，家长千万不要剥夺孩子犯错的权利。

允许孩子表达真实的情绪：愤怒、委屈，甚至说一些非理智的话，都是孩子很正常的表现。有时候孩子会在父母面前表达出自己的情绪，父母要表示理解，允许孩子去表达自己真实的情绪，而不是马上视为洪水猛兽，试图进行压抑。越是能被允许表达真实情绪的孩子，对父母的信任感越强，与父母的关系也更亲近。

分享与接受间的美妙互动

记得儿子两岁多时，我给他买了人生中第一份零食——海苔。他特别爱吃，也特别珍惜。

我晚上下班回来，他正坐在床上吃海苔。见我回来了，他把小手伸出来，说："给妈妈吃！"我心里一阵欢喜，处于"物品归属权"敏感期的儿子，今天居然开始给妈妈分享他的零食了。

我凑了过去，他的小手伸得似乎并不是那么坚定，但依然是要给我的样子。我轻轻咬了一口："谢谢儿子！"他看看我，笑笑跑开了。

儿子一边吃海苔一边玩，吃到最后一片时，他拿在手里，在灯光下照一照："绿色的！"一会儿又照一照："绿色的哟！"

显然，这些海苔不仅给他带来了新鲜的口感，还有视觉上的新鲜感，所以他爱不释手。最后一片海苔，他好久都没有吃掉，拿了一个小时，边拿着边玩儿。

儿子爸爸坐在我对面，张开嘴逗儿子："我要吃你的海苔喽！"

看爸爸夸张的样子，儿子马上跑开："看灯！坐火车喽！"这是儿子惯用的转移注意力的伎俩。显然他并不想把海苔给爸爸吃。

终于，他在玩了好一会儿之后，在这块海苔上轻轻地撕下一小块，安静地坐在那里吃掉了，脸上透露着满足的笑容。

其实，对于刚刚学习分享的儿子来讲，有一个很微妙的心理。一方面，他希望把自己心爱的海苔分享给他人，另外一方面又担心别人会一下子据为己有，所以，分享的同时，他小小的心灵中也在权衡和纠结啊。

当他看到妈妈只是吃了一小口的时候就放心了。他既得到了分享的快乐，也没有失去他心爱的海苔。

他之所以不给爸爸吃，是被爸爸吓坏了。可不是嘛，爸爸逗儿子时，嘴张得那么大，那小小薄薄的海苔，还不一下子被吞没了呀！

但今天早晨，爸爸没再张着大嘴逗儿子，儿子也不用担心海苔被全部吞掉，他喜欢爸爸，想要分享，他愿意试试。爸爸也没有让他失望，吃掉了一块，但还给他留了很多。收获了信任感的儿子，接下来又把海苔递到我嘴边，我依然是一小口。之后，他自己拿着海苔吃了起来。

我知道，这对于正处于"物品归属权"敏感期的儿子来讲，是非常不容易的一个举动，是他心理成长的又一个进步。

分享的背后需要有非常厚重的信任。而这份信任来自我们对他"吝啬""小气"的包容和接纳，当然，能做到这份理解，我们也经历了一些考验。

两岁之前，儿子一直是挺大方的一个孩子，拿了玩具出去，别的小朋友拿走了，他也丝毫不在意。我在心里为他的淡定和大方高兴。可刚过两岁，他就像变了个人儿似的，手里的玩具把得牢牢的，谁也不肯给。

有一天，儿子手里拿着一个橡胶鸭子玩具。刚一出门便遇到了小儿子一岁的沛沛。儿子爸是个好面子的人，看到沛沛一直盯着儿子的小鸭子，禁不住对儿子说："儿子，把鸭子给弟弟玩玩好不好？"

儿子拿着鸭子不说话，爸爸又重复说："给弟弟玩玩好不好？"

儿子很不情愿地将小鸭子给了沛沛，但他的眼泪就要掉下来了。不巧的是，沛沛没有拿好小鸭子，小鸭子掉地上了，沛沛一后退，不偏不正地踩到了小鸭子。

这下儿子爆发了，他"哇哇"地大哭着，上气不接下气，小脸憋得通红。他再也不和弟弟玩了，他在爸爸怀里打着挺要回家，老公无奈地将儿子抱了回来，向我描述了儿子的行为。

那时候，我还不知道"物品归属权"敏感期，但我相信，孩子不是小大人，我们不能用成人的眼光去翻译他的行为，不能就此认为他是"吝啬的""小气的"，而是应该更多地去了解孩子的心理特征，了解他特定阶段的生命功课。

果然，经过学习，我和老公了解到了"物品归属权"敏感期的概念。了解到处于"物品归属权"敏感期的孩子常常说"这是我的""那是我的"，什么东西都不肯和别人分享，甚至妈妈也要不到他手里的东西。这个时期的孩子实际上是通过对物品归属权的确认，来认知他与物品的关系。

了解了这些，我就与老公商量，我们要尽可能尊重孩子这一阶段的发展特征，而不是去人为地扰乱他。

也许是经历了“小鸭子”事件，儿子有一段时间对于属于他的东西表现得很“执拗”，每次带他下楼，他远远地看到小朋友，就会绕道而行，还嘟囔着：“没有人抢你的，没有人抢你的！”

我知道，他是在自我激励了。我赶快鼓励他：“是的，妈妈会帮助你保护玩具的！”儿子听了就放松好多。

而且，带儿子出去时，我会尽可能给他带小一点的玩具，这样，有小朋友向他要时，他很容易抓牢，或者放到我特意为他藏玩具而准备的手提袋中。像气球这样圆滚滚的玩具，不容易拿牢，遇风还会飞，会增加孩子的紧张感，所以我干脆就不给他带。

渐渐地，儿子知道自己可以捍卫自己的玩具，也相信妈妈会支持他，他越来越放松了。他开始敢拿着玩具在小朋友中穿行了。

我们也根据他的发展，调整着行为方式。比如，出去时多带几种玩具，在经过他的允许时，分享给别的小朋友。最开始他是不同意的，我们也不勉强，会对别的小朋友说：“儿子不同意分享他的玩具，等他同意时给你玩好吗？”。当然，我们也会和熟悉的家长沟通孩子的这一特征，儿子也会去接受别的小朋友的分享或拒绝。

两三个月后，儿子开始同意把多余的玩具给小朋友玩。每次游戏结束时，我们也会提醒小朋友还玩具。当然，他不高兴时，依然可以选择不同意，而我们也选择尊重：“这是你的玩具，你说了算！”

在我们的尊重和接纳中，儿子顺利地度过着“物品归属权”

敏感期。前两天，看他主动将自己心爱的小汽车分享给一位小朋友时，我开心地想：其实，真的不必紧张，孩子就是通过不断地试探，来完成一个又一个成长任务呢。而尊重规律成长的孩子会发展得更顺利，这不，儿子已经开始主动分享玩具了！

而这次，儿子犹豫地与爸爸妈妈分享海苔，同样是在试探。试探的结果会帮助他形成对自己的认识，对周围人的认识，对世界的认识。

当然，作为父母，我们不可能让孩子生活在真空中，我们无法去控制他所处的每一个环境，所遭遇的每一个互动。但是，我们依然愿意尽我们所能，多在他心中播种一些信任、美好的种子，而尊重和接纳无疑是种子生长的最好土壤。

家教锦囊

不强迫孩子做分享：父母往往会碍于自己的面子，强迫孩子与小朋友分享自己的玩具或者食物，不过，一定要意识到，如果孩子愿意，皆大欢喜，如果孩子不愿意，千万不要强迫孩子分享。每个孩子都有决定自己物品的权利，孩子越被尊重，越能由心而发地做出选择，而不是为了讨好别人去做一些事。

树立榜样：父母如果很希望孩子能分享自己的物品给小朋友，可以以身作则，当着孩子的面与别人分享自己的物品。当孩子看到父母分享物品后很开心的样子时，他们常常就很愿意模仿着去做。

害羞？害羞也不错呀，我们一起害羞吧！

大概是到了四岁左右的时候，儿子就一下子变得容易害羞了。

带他出去玩，对面走来几天不见的小伙伴，前一次还很开心地在一起玩，可就在这个当下，他会不好意思，常常扯着我的衣服，躲在我身后，小心翼翼地看着，先是不说话，然后试探着接个话茬，几个来回后，便像踩着弹簧似的蹦出去，欢笑着，奔跑着，和小朋友一起玩了。

次数多了，我便对他的这个模式非常清晰，每次他躲在我身后时，我要么轻轻抚摸他的头，要么不做任何反应。

我想让这个害羞的过程，轻轻地、缓缓地、慢慢地流过他的心间，愿他能在不被扰乱的状态下去品味那份用语言无法描述的内心反应。

我想，一个人内心的丰富很大程度上来自于对自己感受的感受能力吧！

有一次带儿子去朋友家聚会，走在路上，他仰着小脸对我说：

“妈妈，我见到小朋友害羞怎么办？”

边上的朋友鼓励他说：“没什么好害羞的，很多小朋友一起玩多开心！”

儿子若有所思，嘟囔着：“会有很多小朋友！”

自己的孩子我自己了解，于是我对他说：“害羞，害羞也很好啊，你可以躲在妈妈裙子后面。”说着，我抖了抖大大的裙摆，儿子笑了，将小脸埋在我的裙摆里。

我笑：“我也害羞了！我们一起害羞吧！”

他“咯咯”地乐：“那我们一起害羞吧！”

“好啊，我们一起害羞吧！”

走到朋友家门口，儿子的小表情开始变得严肃，他走在我的身后，不过却没有躲在裙摆里。出乎我所料的是，几乎就是一瞬间，他便大方地蹦了出去，和朋友们一起开心地玩起来了，这个冲破害羞的过程比平时又短了很多。

我能接纳儿子的害羞，实在是因为我小时候就是个很害羞的孩子。

记得过年时，早晨起来第一件事，就是给长辈问好，比如“爸爸过年好！”“妈妈过年好！”每当这时，我都觉得无比别扭，我假装低头洗手，假装摆弄新衣服的纽扣，原因只有一个——我不好意思说出与平日里表达习惯大相径庭的那句“过年好”——就算为了压岁钱也不可以。

这个害羞的体验，不知道伴随了我多久。现在在很多人的眼里，我应该是挺大方的人，但我深深知道，在我心头依然盘踞着一份不易察觉的羞涩，有时候表现在我与某些人的距离感，有时候也表现在我对某种场景的回避上……

但好在我的内心对自己的羞涩是接纳的，它并不影响我什么，只是在提醒我，你是一个鲜活的生命啊，你可以有各种丰富的体验呀！

作为母亲，当我意识到，我与孩子的角色乃是相伴成长时，便体会到了那份成长的不易与艰辛，也深深相信成长的动力与勇悍！

害羞以及其他任何的情绪情感反应，便都是再正常不过的了。

我要做的是理解他，也会让他知道，我也曾经这样。这便是一份生命对生命的理解和怜惜了。

然后，还要怎么教育吗？或许，生命本然的追求上进，成长为更好的自我的节律，比被误读了的教育高明得多。

家教锦囊

接纳孩子的情绪：孩子的情绪表达要比我们成年人直接，他们常常会把内心所想直接地表露出来，这是我们了解孩子的很好途径，要感谢孩子能够在我们面前打开心扉，多给予孩子情绪的接纳，他将更信任父母。

关注积极的部分：实际上，孩子的任何表现中都有着正面的元素，我们一定要看到孩子行为背后积极的正面的元素，比如说一个淘气的孩子，他可能想引起父母的关注；一个说谎的孩子，他可能想要在父母心目中留下一个好印象……当我们看到这些正面的积极的元素时，就能更好地引导孩子了。

我们需要爸爸妈妈温柔的坚持

一天早晨，我在工作，先生在陪着孩子复习功课，今天老师要求把以前做错的题目再做一遍。我听到先生在让儿子写以前写错的字，孩子写得不规范，先生让他再写，孩子写得还是不规范，先生让他再写……就这样，一个字一下子写了八遍，先生说还是不规范，还要求重写。儿子开始不高兴，开始大叫，事实上，不是因为第八个字开始大叫，应该是从第二个字就开始了。儿子显然是想向我求助，让我调解，但是我关上门，示意不管这样的事情。然后，先生一直坚持着，儿子中间跑到房间里自己冷静了一下，然后先生又把他叫出去，继续要求。我看到孩子还是冷静下来了，然后乖乖地按照爸爸的要求，把字写规范了。两个人也恢复了友善的沟通。

我很庆幸这一次没有插手，孩子确实需要被约束，有时候需要强硬一点的约束。先生的“轴”在这里很有用，我是做不到的，我可能会采用灵活的方式。但是不会针对这一件事情一直继续下去。

又想起以前儿子在和我聊天的时候说："我们小孩子还不会管理自己，需要爸爸妈妈的帮助呀！"说这些话时候的冷静和他闹情绪时的叛逆完全是判若两人。看来孩子至少有被约束的需求，只是当被情绪蒙蔽的时候，他自己的理智也不能占上风，这个时候如果父母给予一个原则性的要求，一个合理的坚持，孩子是能够更快地恢复一致性的。

当然，这个度的把握是最难的，难点在于把要求到什么程度，坚持到什么程度，这个有时候来自对彼此的了解。所以爱是一切的前提。

写作班里一个六年级孩子的妈妈，问我说孩子写作不认真，她能不能要求？这位妈妈说只要他要求孩子，孩子就不乐意，但是不乐意也是能完成的。我当时的回答是在可承受的范围内可以要求。现在经过对儿子这个事件的梳理，对于这个范围好像有了更清晰的一个把握——是为他好，还是在宣泄情绪。这个算是一个标准吧！

家教锦囊

原则让孩子更安全：贪玩、害怕困难，几乎是每个孩子都会表现出来的行为。这个时候，家长的鼓励和带动是很重要的。孩子正是在突破困难中学会坚持的，在关键的时候，要鼓励孩子学会坚持，而不是遇到一点问题就回避。

避免情绪卷入：坚持原则不代表我们要大发雷霆，其实，只要我们有意识地控制情绪，是可以做到“温柔地坚持”的。温柔的坚持，更有力量，既能表明原则，同时又能避免彼此因为不同而产生争执。父母的态度其实也会给孩子建立起很好的榜样！

不要让自己的评判限制了孩子

儿子刚上幼儿园的时候，有一次，幼儿园举行跳蚤市场活动，要求家长陪同孩子参加。活动快结束的时候，一个小男孩给大家分发奶片，我也带着儿子去领取。不承想，小男孩的妈妈刚将奶片递到儿子手中，这位男孩就不乐意了，他一边将奶片从我儿子手中抢过来，一边推我儿子："你走开，你走开，我不给你！"

男孩的举动让我和他的妈妈都有点吃惊，他的妈妈及时地制止了小男孩，我则带着儿子走开了。看着小男孩继续给别的小朋友发奶片，我的心里还是免不了有些许的尴尬和失落。好在儿子似乎并没有受什么影响，回到摊位上继续玩自己的玩具。

不一会儿，儿子跑到门口玩，这个时候，刚才发奶片的小男孩和几个小朋友追赶着跑了进来，路过儿子身边时，又用小手推了儿子一把跑开了。虽然男孩的妈妈再次及时地制止了，但我的心却不能平静了，看着高出儿子半个头的小男孩，想到儿子初入园，上的又是混龄园，再联想到儿子每天入园时的哭闹，我心里开始升起了很多担心：是不是儿子总被小朋友欺负？是不是他在幼儿园度日如年？我几乎要忍不住找老师去反映这个问题了。

但是看看儿子，似乎丝毫没有受到这件事的影响，此时，他正开心地在教室里跑来跑去，还发出开心的笑声呢！

好吧，在这件事上，儿子的感受和表现比我自己的更重要。我这样告诉自己后，打消了马上要去找老师的念头。

只是，内心五味杂陈的感觉并没有消失。走在路上，看着走在我身边的小小的儿子，我真想问问："宝贝，某某小朋友经常推你吗？"但话到嘴边，还是变成了："你与某某是好朋友吗？"

儿子回答："某某不是我的好朋友，我不和小朋友做好朋友！"

看着儿子说话时开心而调皮的样子，我只好感慨——小孩子的心，真是搞不懂，被推搡了还挺开心。

我不知道我能做什么，但那一刻，我看着儿子，至少清晰了我不能做什么，那就是不要把自己的判断强加给他，比如说，我不能在他面前说某某小朋友欺负了他，也绝对不能非理智地"护犊子"。这些我理所当然认为的，在他的世界里可能并不是那个样子。

这让我想起了好友向我讲述的她童年时的一件事。在上学前班前，她几乎很少有机会与同龄小朋友玩耍，所以，当她第一天到学前班报道，认识了一个叫小梅的小女孩后特别兴奋。她与家里的人不停地谈论着小梅，迫不及待地想见到她。

第二天，她们一见面，就很开心地蹲在一起玩起了石子的游戏。忽然，小梅将她的脚抬到了好友的鼻子尖边，好友抬头看她，她正乐呵呵地笑呢。可就是这一幕，引起了前来送她的小姨的不满。

好友清晰地记得，小姨回到家对姥姥转述这件事，大概意思就是说小梅是个很心机的孩子，趁好友不注意欺负她。好友在一旁听着，心里五味杂陈，那个她心目中可爱的小梅，在小姨的描述中一点点改变，自己有了一种被小梅占了便宜的气愤，从此，她开始远离小梅。不仅如此，她在很多关系中都会表现得过度敏感，经常会产生“也许对方没有你想象得那么好”的怀疑感。

好友在多年后明白，她的这种性格特质很大程度上是受了这件事情的影响。再回想当年的小梅，她回忆起了一双漂亮的黑皮鞋和白色公主袜。时间的流逝让他已经不能清晰地记起那个画面，但她越来越觉得，那一抬脚或许本来是没有敌意的。她也许是在向自己炫耀她漂亮的皮鞋，也许是属于小孩子的一种语言。

但是，小姨的评价将它限制成了一种欺负。也许，这只是小姨对好友刚融入集体生活的一种不放心，但她的这一个主观评价，不但让小梅在好友心中变了样子，也将她限制在了一种被欺负的角色当中。在她幼小的心灵还不能去冲出这种评价的束缚时，它变成了一种桎梏束缚了好友好多年，原本，在那强势的评价背后一定还存在着多种的可能性。

想到这些，我有点庆幸管住了自己的嘴，否则，我与好友小姨的做法不就如出一辙了吗？事实证明也的确如此，过了不久，有一天我去接儿子，老师很开心地向我反馈说，儿子现在已经能主动地参与小朋友的活动了，虽然有时候也会遭到拒绝，但是他并不受伤，玩一会儿后，会再次去主动参与。老师很欣赏儿子表现出来的管理情绪的能力，我则偷偷地想，幸亏我没有让自己的情绪主宰了儿子的情绪，在他的心中没有留下“我是个容易受欺负的人”的判定，他面对同龄人世界中的游戏规则才更自由、更灵活。

又过了几天，老师很开心地告诉我，说儿子在幼儿园有了第一个好朋友，还发来了他与好朋友互动的小视频。让我特别惊讶的是，儿子的第一个好朋友竟然就是当时推他的小男孩。

说实话，我是含着感动的泪花看完这个小视频的，我感慨：一件事情，当它不被限制在某个主观评价中，它可以有多么令人惊喜的进展；一个人，当不被限定在一种评价中，他会拥有多大的自由与灵活。

或许，在教育孩子方面，我们拿出耐心去陪伴孩子，让他按自身的生命节律去成长，比试图用自己的大人身份“保护”孩子更有力，前者是信任与尊重，后者却是束缚与剥夺。

家教锦囊

不求不帮：孩子认识世界的方式以及与周遭互动的方式与成年人有大的不同，所以成年人不要一味地拿自己的认识去“框”孩子，而是要给予孩子更多的空间。孩子互动中，只要没有涉及到安全的问题，大人要舍得放手让孩子去感受，在孩子没有表示委屈或者求助的时候，家长尽可能不干涉孩子们的行为，这种放手是对孩子适应环境的很好历练。

孩子求助时要给予支持：孩子如果表现出害怕、退缩，家长要给予理解，将孩子抱起来安慰，或者允许孩子躲在自己的身后，父母的接纳会让孩子生发出更多的勇气，去探索这个世界。

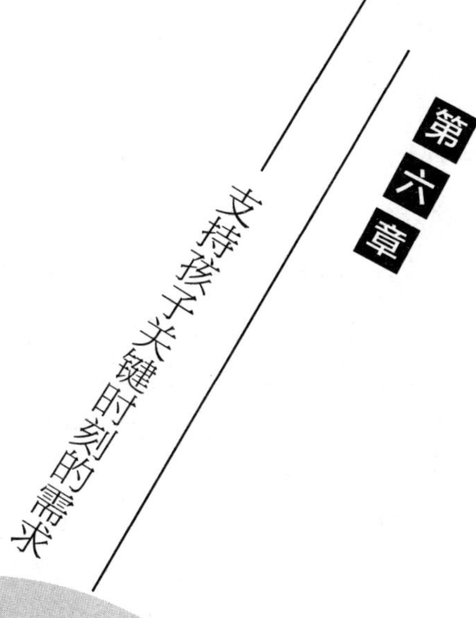

第六章 支持孩子关键时刻的需求

作为父母，要发现他性格中宝贵的资源，这些资源就如同一个支点，经由它，孩子会发散出更多的优秀品质。作为父母，最不要做的就是随便给孩子贴一个标签，将孩子无限的可能性禁锢在你的评判中。每一次考验都是机遇，每一次突破都是去往更高的阶梯。

妈妈我吃的不是盒饭，是新鲜的感觉

生活中，我们难免会遇到各种不开心，工作受挫，生活不如意，遭遇误解……这个时候，我们都会情绪低落。而我们所处的时代，又是一个飞速发展的时代，我们常常为了埋头赶路而忘了体验。

当我们的心灵追不上我们的脚步，于是便有了那么多郁闷，甚至抑郁已经成为这个时代司空见惯的状态。

拿什么拯救我们被阴霾笼罩的心灵？如何去点亮自己心中的亮光？答案不在他处，正在自己的内心，只有我们内心有快乐的种子，外界的努力才可以将其唤醒。

而童年的单纯、好奇正是这些种子被唤醒的最初体验。这份体验将积淀在我们的记忆中，成为更容易点亮的烛光，更容易获取的力量……

因此，在孩子小时候，尽可能多地让他体验到快乐的种子，那将是一生的财富。

带儿子去武昌，临行前一天，爷爷特意嘱咐娃爸去为小孙子买了很多北京老字号的小吃，将行李包塞得满满的。

上了火车，正巧是晚饭的时间，娃爸开始搭配各种小吃，想让儿子一饱口福。这个时候，传来了盒饭的叫卖声，火车上的工作人员推着餐车路过了我们的位置。

“我要吃盒饭！”儿子喊道。

“不要不要，我们带了好多好吃的呢！”娃爸说道。

“不行，我就想吃盒饭！”儿子争取道。

“我们带的这些东西可比盒饭好吃。”爸爸说道。

“是呀，我们得吃掉啊，要不然到了武昌可拿不动。”我也试图说服儿子。

看着渐渐走远的餐车，儿子着急了，他坚定地表示就是想吃盒饭。

我同意给他买一盒，娃爸一边念叨着“火车上的饭可不好吃”，一边去给儿子买了。

盒饭的味道确实不怎么样，但这顿晚餐却是儿子好久以来吃得最香的一餐，好像西红柿炒鸡蛋和胡萝卜土豆丁是他从未吃过的人间美味，还一边吃着一边满足地对着我笑，最终连一粒米都没有剩。

之后，他一个人从梯子上爬到了中铺，很开心地玩起了玩具……

看着儿子，我明白了，他爱的不仅仅是这味道一般的盒饭，而是盒饭放在小餐车里的感觉，以及在火车里吃一顿从火车里买的饭的感觉，即便它实际的味道在成年人看来真不怎么样，但因为有了这特殊场景激发的感觉，这盒饭便美味无比了。

我们对一件事物的感受，并非来自事物本身，而是与之相关的人、相关的事。在愉悦的情景下，很普通的事物也会变得妙不可言。

也许，对儿子来讲，这一盒快餐的味道会沉淀在记忆中，在几十年后想起，依然会觉得是最无比的美味吧！

很庆幸，在那个当下，我没有坚持“我们带的东西比米饭更好吃”的主张，而是去满足了他这个愿望。

人生路漫漫，当我们走过童年的简单，少年的天真，开始渐渐独立面对人生道路时，摆在我们面前的不可能总是阳光和鲜花。很多时候，我们不得不面对荆棘和泥泞，而这积淀在记忆中的美好的点点滴滴，会如同一盏盏灯火，照亮暗夜。而即便我们身处顺境，这些快乐的点滴，也将成为督促我们不断前进的人生动力。

可是，作为成年人，我们又会常常忘了这些的重要性，我们常常会不由得去用我们认为的道理剥夺孩子的快乐体验。

比如，我和娃爸差一点就用我们认为的道理剥夺了孩子的快乐体验。

另外，我们也知道不能溺爱孩子，于是变得不敢去满足孩子的快乐。

事实上，溺爱和真正的爱，向来不是一回事。

溺爱，看似是在满足孩子，但实际上孩子真正的需求根本没有被满足，大人只是在满足自己认为孩子需要的，因此，虽然给予了孩子很多，但孩子的内心依然是匮乏的。

长此以往，孩子被扰乱得不知道要什么了，于是，他们便不断地提出各种需求来补偿内心的匮乏。如此，便进入了溺爱的互动中了。

真正的爱，是我给你的正好是你渴望的。这爱便不会成为负累，也不会成为要挟。

其实，孩子要的往往并不多，甚至没有我们所认为的那么多。

拿我们遇到的这件事情来说，从经济上，一盒盒饭二十元，但那一旅行包的老字号小吃却花了将近二百元；从体力上来看，在火车上买盒饭要比大包小包拎上火车轻松得多……无论怎么比较，孩子想要的都没有超过我们认为他需要的。

而恰恰是他需要的，才能带给他真正的满足、快乐，才能真正培养出内心的富足感——那是一种伴随着愿望达成而由心而发的喜悦感，它会在孩子心中形成一种认识——我配得到我真心喜欢的，我也能得到我真心喜欢的。

这便是一种心想事成和好运气的认知基础和情感基础了。

即使是在遇到挫折的时候，这种可以找寻到以及相信可以得到的信念也会支撑起他的信心和动力。

有时候，我觉得作为一个妈妈，根本不是我给了孩子什么，而是我渐渐地明白，我不要去破坏什么。

不是说我付出了多少，而是越来越明白，我什么样的付出才能滋养到这颗幼小而生机勃勃的心灵。

家教锦囊

亲子共处时光：对于六岁以前的孩子来讲，被父母陪着做游戏是很幸福很快乐很享受的时光。孩子在与父母互动的过程中，他的想象力会因开心和兴奋得到特别好的激发。作为父母，要有意识地提高亲子共处的时光，避免心不在焉或者将不耐烦的情绪转嫁给孩子。

走进大自然的时光：在大自然的环境中，孩子总能发掘出属于他们自己的快乐，也许是在潺潺的溪水中尽情嬉戏，也许是在草地中去追赶一只蚱蜢……只要孩子没有危险，也没有破坏环境，爸爸妈妈请学会追随孩子的脚步。

在孩子投入地沉浸在自己的世界中时，请不要试图将自己的知识灌输给孩子，要知道，孩子主动而投入的体验比所谓的知识更重要。

好奇探索的时光：新的环境、新的事物总是很容易引起孩子的好奇心，他们禁不住会去体验去探索。当然，很多时候，即便是我们司空见惯的事物在孩子那里也充满着探索的热忱。请珍惜孩子这份好奇心，只要孩子没有伤害自己，没有伤害别人，没有破坏环境，就请不要以任何理由打断孩子。

想要帮助孩子建立人际关系，您用对劲儿了吗？

几乎所有的妈妈都看重孩子与人交往的能力，认为一份好的人际关系会让孩子能更好地适应社会。于是，妈妈带着孩子去小伙伴多的地方，带着孩子参加各种活动。创造条件固然重要，但还有更重要的，您忽视了吗？

田田两岁了，妈妈很希望田田能锻炼一下社交能力，多与小伙伴们一起玩，好为上幼儿园打好基础，于是，一有时间就带着田田去广场上希望结交到小伙伴。但让田田妈受挫的是，田田并不能像妈妈希望的那样与小伙伴积极互动。比如，带来的玩具，她只是一个人玩，有别的小伙伴过来玩她的玩具，田田还会哭。有时候，妈妈想让她加入小朋友的队伍中，但田田偏偏指着别的地方，让妈妈带她去。妈妈有点为田田的社交能力担心。

其实，孩子社交能力的体现，并不能以成人的标准来衡量。

在很多家长眼里，一个能主动参与到小朋友中间，并与小朋友一起合作游戏的孩子，是擅长社交的。但是，殊不知，这样的社交状态是三岁之前的孩子很难“胜任”的。而他们也有着属于自己的社交方式，只不过，很多时候没有被家长看到而已。

一般来讲，两岁之后的婴儿开始在小伙伴之间“互动”交往，然而，这种交往常常以大人不愿意看到的推、撞、抢等肢体的接触表现出来。很多家长因此认为自己的孩子是不会与人交往的，其实这就是这一时期孩子的交往特点。很多孩子会像田田一样，在小伙伴面前拼命把着自己的玩具，不允许别人动，但并不是代表孩子不喜欢小伙伴，一方面是因为这是他们物品所有权意识初步建立后的反应，同时，也是以这种方式在进行着与对方的互动。作为家长，切不可以成人的交往方式对孩子的交往方式生搬硬套。

家长渴望孩子建立一个好的人际关系的愿望当然没有错，只不过，当很多家长过于心急地将孩子“推”到孩子堆中，或者是强迫孩子与别的小朋友分享玩具时却不知不觉中扰乱了孩子内心交往规律的发展。比如，一个一两岁的婴儿，总被妈妈推到人群中，他会觉得无所适从的同时，感到不安全，这不利于他人际关系的建立和发展。一个总被妈妈强迫与别人分享玩具的小宝贝，会觉得妈妈是不爱自己、不重视自己的，这种感觉很不利于孩子自尊心和自信心的建立。

除此之外，过度袒护孩子的妈妈，也会剥夺孩子在竞争中感受快乐和成就感的机会，剥夺他们内在力量的展现，从而也会削弱孩子解决问题的能力。孩子将来可能会发展得过分依赖或者与人相处没有信心。因为妈妈的过度保护总在向他传递一个信息："你是没有能力反抗的，妈妈必须帮助你！"

除去一些有严重生理或心理障碍的幼儿，实际上，孩子与其他小朋友的交往是一件水到渠成，自然开花的过程。前提条件是，在"花开"之前，他得到的滋养足够丰沛。

而母亲与孩子的关系，就是对孩子最原始，也是最重要的滋养。心理学家艾·弗洛姆认为，母爱究其本质来说是无条件的。母亲爱婴儿，并不是因为婴儿满足了她什么愿望，或者带给她什么益处，而仅仅是因为婴儿是她生的。所以，母爱是故乡，是大自然，是大地和海洋。母爱的充沛满足，会让一个孩子觉得自己是值得被爱的，是安全的，是幸福的。

而父爱则是有条件的，他代表着孩子需要遵循规则的部分。随着孩子渐渐长大，开始能独立行走，开始有了自我意识，父爱的规则性就显得更加重要。为了赢得父亲的爱，孩子学会了努力和约束自己的行为。

可以说，无条件的母爱和有条件的父爱是一种互补关系，他们共同作用，构成孩子与外界所有关系的胚胎，也慢慢内化为孩子人格中的部分。所以，一个与父母建立了良好关系的孩子，他的内在是安全向上的，与外界也会是充满爱以及必要约束的。所以，作为父母，要想让孩子在未来有个好的人际关系，不是仅仅去让两三岁的孩子与外界孩子的互动，更要去与孩子建立好的亲子关系。

其实，人的一生都离不开与自己的关系。心理学家认为，我们对外界的态度、应对方式，常常是自己内在关系的投射。

同样，一个人与别人的相处方式，也会受到与自己相处方式的影响。与自己的相处，在成人的世界中，常常是看不到听不见的，但是，对于孩子来讲，他们的自言自语常常会流露出自己与自己的相处。家长如果留意听，你大概可以猜得出孩子心里正在想什么。

所以，作为父母，给孩子创造接触有趣的事物的机会，也会提升孩子人际交往的能力。

家教锦囊

丰富孩子的内心世界：接近大自然，陪着孩子读故事，陪着孩子玩玩具，都在潜移默化地奠定着他未来的人际基础。一个内心丰富、有趣、幽默的孩子会更容易赢得周围人的好感。当然，在一些竞技性的游戏中，孩子也会发展出积极进取的性格特征，这同样是人际关系的基础。

给孩子投入做事的机会：父母要注意，孩子正在投入地做一件事情的时候，不要去打扰他。这不但对他的注意力培养有好处，同时也会让他在日后的人际交往中更容易去投入游戏。而对于以游戏为交往媒介的孩子来讲，再也没有比投入地一起玩游戏更让人快乐的事情了。所以，对于两岁左右的宝宝来讲，想要培养他的人际关系，父母不应该急切地去将孩子推到小朋友中，也不是为孩子“不会交往”而焦虑，而是能将更多的精力，用在奠定孩子的人际交往基础上。然后有一天，你会惊奇地发现，原来孩子与小朋友的交往能力远远超过了你的想象！

将你推开的孩子其实更需要你的爱

当刺猬竖起身体的刺，我们除了看到它可能带来的伤害，是否能感受到它的害怕和紧张?

孩子亦然，当他发脾气时，看似撒泼耍赖的行为背后实际上有难过的挣扎。由于孩子大脑还没有发育成熟，这使得他们控制情绪的能力很弱，遇到事情就容易感到受挫。

这个时候，父母如果以暴制暴，会让孩子感受到更大的恐惧和无助，从而失去对父母的信任。

其实，孩子发脾气的时候，也是最考验父母成长状态的时候，你是不断地进行自我调整，还是会被孩子的情绪带走?你是力争安静地抚慰孩子，还是也陷入失控的状态?不同的选择，真的会带来不同的后果……

儿子发脾气，越发火越大，先是哭闹，接着又摔玩具，被制止后，干脆躺在地上打滚，抱他起来，依然不罢休。他一边挣扎

着从我怀里离开，一边号啕大哭着。

我又一次走上前去试图抱他，他乱动的脚踢到了我的肚子，一阵生疼。

我不再去抱他，站在离他半米远的地方看着他，好漫长的一段时间，他终于平静了下来。我去抱他，他趴在我的肩上继续哭，又过了好长时间，才安静了下来。

后来和他聊天时，我说："宝贝，你刚才发好大的脾气呀！"

"我停不下来了呀！"他说道。

"那你发脾气的时候，妈妈能帮你什么呢？"我问道。

"嗯……"小家伙很认真地想了一下，"我要妈妈陪着我！"

"如果妈妈走开，你会怎么样？"

"嗯，不行不行，你不能走，你走了我更哭……"儿子说着，眼圈已经红了。

我赶忙解释说，只是问问他的想法，不会真离开，儿子才算好转。

小孩子的话经常有着接近真理的通透，即便发脾气，也要妈妈陪着，这是多么真实的表达。

没有人想要被抛弃，更没有人好端端地想将爱推开，使自己置于孤独中。哪怕表面看起来是那么不可理喻。

凡是看上去主动将自己置于孤立状态时，都是因为内心在经历着剧烈的挣扎和痛楚，都有着不能自已和无可奈何……

多年前母亲生重病，我一下子像是坠入了深渊，也像是隔绝了空气，每天都好像套着一个玻璃罩子走路，别人的笑，景色的美，街道的热闹，行人的忙碌……都只进得了眼，而入不了心。

那段日子，经常有朋友出于关心，约我出去散心聊天，但是我都会找各种借口拒绝。

是我的脆弱让我拒绝。

美国临床心理学家塔拉·布莱克说："与缺乏自我价值感形影不离的是对他人与生命的疏离感。"

当我们的生命中出现了一些考验，往往会导致我们认为自己的生命出现了残缺，会出现一种不配拥有快乐幸福的卑微感。也有对不被接纳与理解，从而导致二次伤害发生的担心……

这些心理反应的背后都源于自我价值感的缺乏——觉得自己不好，觉得自己有问题。

于是，我们想要遁逃，想要掩盖，想要否定，想要远离……

这又会导致进一步的自我评判："我怎么这样啊""我是不是有毛病啊！"

为了平衡我们的内心，我们会生出很多指向外界的理由——"其实我不是那么需要他！""和他说了，他也不理解我！""他会嘲笑我的脆弱……"

然而，这些带有指责外界的色彩的指向，都不过是为了回避脆弱的借口——是对方的问题，而不是我自己的问题。

若不能清晰地察觉自己的防御，我们真的有可能会导致关系的进一步疏离，也导致自己进一步地孤立无援。

现在想来，特别感谢一位好友，不厌其烦地联系我，被我一次次拒绝，却又一次次邀约，终于，我们见了面。记得那个下午，在这位朋友面前，我彻底泪奔，然而，晴朗的天空和漂浮的白云，却是几个月来第一次入了我的心。

朋友的坚持，让我不可逃避地面对了自己的脆弱。

说真的，那一刻的拒绝，其实不是真的拒绝，是一种纠结的撕扯——既想退缩到自己的壳中，又渴望有一种外力能将自己拉出来重见天日，而那位朋友恰巧给了我一种力量。

感谢那些温暖，让我再一次明白，没有人愿意随随便便消失，也没有人愿意心甘情愿疏离，那些莫名其妙的失联的背后都隐藏着一份无法言说的痛。

愿，假如生命中珍爱的人莫名其妙失联，我有勇气不在意其拒绝，温和地等他归来；也愿，如果有一天，我莫名其妙地失联，生命中会有人伸出温暖的双手，坚定地对我说："你必须回来！"

家教锦囊

蹲下来：身体姿势的变化，会让我们感受到对方的处境。很多父母被孩子的情绪卷走，常常是感受到了孩子对自己的攻击，自己内心的某些情绪被勾连起来的结果。而蹲下身体，更容易进入到孩子的位置，会在瞬间体会到，比你小很多的他并不会带给你真正的威胁，你的感受是来自于内心深处的情结。

迅速隔离：如果你已经禁不住要发脾气，请马上转换环境，比如，孩子在客厅发脾气，你可以回到卧室。你可以告诉孩子："我也忍耐不住了，我需要暂时安静一下。"这么做的好处，是避免将自己的脾气转嫁给孩子，同时又避免让孩子产生被抛弃感。

积极修复：如果爸爸妈妈在孩子发脾气的时候，采取了比较激烈的行为，比如冲孩子发脾气，甚至打骂了孩子，那么在彼此情绪平静后，一定要与孩子交流刚才发生的事情，倾听孩子的委屈，并对自己失控的行为致歉。将后悔埋在心里解决不了任何问题，让孩子知道你的真实想法是修复伤害的重要环节。

妈妈，我被嘲笑了

有一天晚上，孩子对我说："哼！某某嘲笑我了！"

原来是他们临时到阅览室上课，和一个男生坐在一起。数学课上，他的题目做得慢，对方说他："你半年也写不完！"

"哦，妈妈知道你很生气……"我知道此刻最该做的是共情和疏导情绪，但问题是孩子作业一大堆，所以，还是想搪塞过去算了。

他开始埋头做题，但是刚做了两道，又说："哼！他嘲笑了我两次。"

我短暂地共情他的情绪已经失去了作用，这个过程中，他每做一道题目都会很生气地想起被嘲笑，要么举起凳子不好好做题目，要么哼唧，要么抱怨，要么撒娇……总之，各种不配合，我心里的无名火也在升腾而起。

"哼，某某嘲笑我！我为什么不能嘲笑他？"他继续纠缠。

忽然，我灵光一现："你知道吗？被人嘲笑确实不好受，但是，一个士兵要超越一万次的被嘲笑才能成为最优秀的将军。国际刑警也一样，最优秀的国际刑警也是这样！"

一万次一出口，我自己又觉得太夸张，赶快说："经得住一千次一百次被嘲笑的也可以，都是优秀的将军或者国际刑警。"

他的眼睛刷的一下亮了，要知道他从小的理想就是当国际刑警，他停止了喊叫："妈妈，那我才两次，那我要去故意找人嘲笑我一百次一千次一万次吗？"

天呀，这个坑……

"不对，不能找人去嘲笑你。这个标准不在于别人嘲笑了你，而在于你没有被别人的嘲笑打败。"

"哦，那我明白了！我没有被打败呀！"他的情绪明显好了很多，写作业效率也提高了很多。

临睡前，我们开始讲故事。我不仅编了被笑了一万次的将军的故事，也给他讲了某著名导演不屑理会绊倒他的人继续赶路的例子，还给他读了前几天看到的一篇文章，讲的是一个哈佛法学博士小时候成绩差，被嘲笑的事情。后来又把爱因斯坦最差的小板凳的例子搬出来，再后来又讲了我自己小时候被嘲笑的例子……他一般一听我的故事，就会被逗得"咯咯"笑。

娃忽然说："我要对今天嘲笑我的那个同学说谢谢！谢谢他们让我能成为国际刑警！"

他的这个总结是我没有想到的。赶快鼓励："说得太对了，真是这样的！"

之后我们又聊了聊下次同学嘲笑时，他要怎么做。其实，男孩子之间互相开玩笑太正常了。于是我们一起想了很多好玩的方法，比如，幽默的方法可以说："对呀，我一年都写不完！"然后就可以低头继续写了！

孩子又乐了，夸张地说："那我说我到死也写不完咋样？"

"那倒不必了！"我说。

"那好吧，我就说我三年也写不完！"他又说。

这事儿就算过去了，而且看他开心释然的样子是真过去了。

然后，他告诉我，说上周，班主任张老师把班里唯一去导播教室的机会给了他，老师说他进步很大，就让他去导播教室了。他本来就想去呢，没想到心想事成了！"

虽然是无意地聊天，但是看出他的情绪开始流动在感恩和乐观中了。我赶快说："张老师真好，在鼓励你呢！"

意义，每个人都需要意义。如果我们知道一件事情的发生，对我们有很多正面的意义，能帮助我们到达我们想到达的地方，这件事于我们的苦与乐就已经被改变了。

帮助孩子发现每一件事情对成长的意义，看来是我的又一个功课。

家教锦囊

理解孩子的情绪：孩子被嘲笑了，内心会有很多的情绪，这时，家长要尽可能地理解孩子的感受。面对孩子非理智的一些语言，不用太在意，但也不用过分渲染和火上浇油，倾听和理解的表情是对孩子最好的回馈。经过宣泄，孩子会慢慢冷静下来。

找到这件事发生的好处：家长要延伸出好处，来让孩子感觉到这个事情的发生，除了让自己生气外，也可以带给自己一些收获。家长可以通过讲故事，或者分享自己曾经的经历的方式，来引导孩子积极思维。避免孩子因此陷入自卑或者受害者中。

星期一，让孩子带着笑容上学去

很多家长都有这样的烦恼：星期一的早晨，刚从睡梦中醒来，头疼的事情便发生了——家长一遍遍地喊孩子起床，说上学要迟到了，可是，孩子就是不搭理，翻个身继续睡。家长只好一遍遍地催促，看看滴滴答答的闹钟，只好将孩子从被窝里拎起来，这下子惹了祸，孩子要么不高兴地不肯穿衣服，要么干脆抹眼泪。

早饭的时间被这么磨蹭掉了，眼瞅着要迟到，孩子空着肚子拎起书包急匆匆地往外冲。看着孩子火急火燎的样子，怎能不让人担心。

经常是中途接到老师的电话，担心地以为孩子出了什么事，却听到老师反映："您的孩子昨晚是不是没有休息好，第一节课他就睡着了……"

经过两天的放松休息，星期一作为新的一周的开始，应该是精神焕发充满活力的，但是，据一项调查表明：人们在星期一的心理压力是最大的，心中经常有失落感产生，对前两天的休息依依不舍。这种情况在孩子身上，尤其是对学习缺乏兴趣的孩子身上表现得尤为明显。心理学家将发生在星期一的这一现象称为“星期一综合征”。

经过周末两天生活节奏和内容完全不同的休息和放松，到了星期一早上，生理和心理指标都无法马上进入工作状态，造成缓冲机制失调。一般来讲，从事紧张学习的学生，周兴奋曲线是星期一降到最低点，星期二开始逐步上升，到了星期五晚上达到最高峰，星期天下午又开始下滑。

但是，为什么不同的人对星期一的反应不一样呢？这与如何安排周末生活有很大关系。有些同学在周六玩得太疯，打球、聚会、看电视、上网，甚至通宵打游戏，周日很晚起床，起床后又接着玩，直到下午或晚上才开始做作业，而这时体力已经处于低谷，很容易在做作业的时候产生疲惫的感觉。与两天的兴奋相比，心理上产生巨大反差，这种情绪持续下去，严重影响了星期一的心情。

另外，因为平时为了上学，大家都起个大早，所以很多同学认为，休息就应该补觉。于是在周六时往往要睡到很晚才起。但是，我们的生物钟却因此被打乱，星期天的早晨被打乱的生物钟再一次被重复。到了星期一，身体内的生物钟依然停留在被推迟的节律上，起床自然就变得格外困难。但是，又不得不起，于是沮丧情绪油然而生。再加上，对生物钟提前的节律不可能马上适应，因此课堂上容易犯困。

家教锦囊

不将周六的内容安排得太满：虽然是休息，但依然要注意劳逸结合，最好把大部分作业在周六完成。另外如果有消耗体力的活动也最好安排在周六。这样，周日就可以选择一些轻松的活动，如听音乐、和朋友聊天。由于作业少了，就不至于产生焦虑，这就预防了巨大心理落差的产生。

不要过分补觉：大家可能都有这样的感受，过度的睡眠之后，我们很容易产生晕晕沉沉、浑身无力的感觉。因此，一定要避免贪睡。如果你觉得自己真的很需要补觉，那么不妨采取适当早睡的方法，就算是生物钟被打破，也不至于影响到白天的学习。

周末列出一周的计划：尽量安排得井然有序，让孩子感觉到，只要按着计划行事，未来一周的压力不会大。同时，也要想一想在未来的一周将会发生的好事，比如，班上将举行春游活动，这样一想，心中就会对未来一周有种向往和期待。

女儿总是与小狗过于亲密怎么办？

培培是一位九岁的小女孩，去年夏天，妈妈的一个朋友送给培培一条名叫笨笨的狗。笨笨特别可爱，雪白的卷毛，可爱的扁鼻子，长睫毛的大眼睛，一条卷卷的、总爱摇个不停的小尾巴。笨笨一来到培培的家，就受到了热烈的欢迎。培培用一个很精美的小竹筐给它安置了一个精美的小窝，还特意让妈妈到超市给笨笨买了漂亮的小碗和衣服。很快地，笨笨就成了培培最要好的朋友。

但是，紧接着妈妈的烦恼也就来了。培培提出了很多不合理的要求，比如说，要让笨笨上床睡觉，让笨笨一起在桌子上吃饭。有一天，培培又要求把留给爸爸的排骨给笨笨吃，妈妈生气了，训了培培一顿。培培伤心地哭了。不一会儿，妈妈看到培培蹲在地上，一边流泪，一边摸着笨笨，嘴里念念有词：

“笨笨，你是我唯一的好朋友了，没有人理解我，只有你理解我了！呜呜！”

妈妈忽然想起，前不久遇到培培的班主任老师，据老师反映，培培最近一段时间注意力很不集中，上课总爱做小动作，下课的时候也不和小朋友们一起玩，而是躲在一个小角落里发呆。妈妈觉得莫非与笨笨有关系？后来便强行将笨笨送了人，结果培培哭了好几天，连学也不肯上了，无奈之下，妈妈带着培培走进了心理咨询室。

咨询师经过了解发现，培培出现的问题并不是由于笨笨造成的，而是因为培培转学到了一所新学校，一直就没有适应过来。孤独的她唯一的乐趣就是与笨笨一起了，而妈妈强行送走了笨笨，对培培来讲可谓是一个很大的打击，这也是造成培培最终不肯上学的原因。

现在养宠物的家庭非常多，尤其小孩子对宠物很是喜爱。如果孩子表现出对宠物过度的依赖，家长一定要查明原因，而不要采取过激的行为。

一般来讲，性格内向、在生活中缺少朋友、不太会与人沟通的孩子容易对宠物产生过度的依赖。因为他们被爱、被接受的需求不能从家长、朋友身上得到正常的满足，从而便试图从温顺善良的宠物身上去寻找。就像培培，因为不适应学校生活，便将笨笨当成了唯一的朋友，产生了过分的依赖。

家教锦囊

帮助孩子建立起多个兴趣点：比如，带着孩子一起去做体育锻炼，和孩子一起养一盆植物，当孩子的兴趣点多起来的时候，注意力就容易从宠物身上转移开了。

培养孩子与周围人的关系：比如，家长可以对孩子说：“你看，你帮小狗喂食、洗澡，它就成了你的好朋友，如果你也能经常帮助别的小朋友，你就会有很多好朋友了！”这样慢慢地启发孩子，交给孩子一些与人交往的技巧，孩子的朋友就会多起来，对宠物的依赖自然也就降低了。

孩子害怕入睡怎么办

六岁的江江是个活泼可爱的男孩子，上一年级的他入学不久就当上了小班长。可是最近一段时间，江江却总在课堂上打瞌睡，不仅如此，他还经常表现出忧心忡忡的样子，最近一次小测验，成绩下滑得很厉害，班主任老师只好找江江的妈妈了解情况。

听了班主任反映的情况，江江的妈妈想起一个多星期前发生的一件事情。

有一天，江江妈晚上十点多回家后走进儿子的房间，想看看儿子的被子盖好没有，谁知儿子却没有睡，紧紧地抱着被子，若是在平时，这个时间儿子早就进入梦乡了。妈妈问江江这么晚了为什么不睡，江江忽然抱住妈妈，说很害怕爸爸妈妈会死掉。妈妈一边把江江放到床上给他盖上被子一边说："小孩子不要瞎说，姥姥听了该生气了，快点睡觉吧！"好像是从那时起，江江每天晚上都很晚才睡觉。有一天，妈妈还发现，江江不停地用手揉眼睛，看他的样子已经很困了，妈妈便把他的小手塞到了被子里，可江江却嘟囔着说“我不睡觉”。现在老师反映江江上课打瞌睡，妈妈不由得联想到了这些事情。在老师的建议下，妈妈带着江江去找了心理咨询师。

心理咨询师和江江闲聊了很多其他事情，直到他很放松了，心理咨询师才慢慢问起他为什么不肯睡觉的原因。谁知江江竟然伤心地哭了起来，哽咽着说："我害怕睡着了就会死掉，我不想死，也不想让爸爸妈妈死！”可是，江江为什么这么担心自己和家人死亡呢？心理咨询师经过进一步和母子俩沟通，才弄清楚了事情的原因。

江江的爸爸妈妈有着自己的公司，平时工作很忙，江江便由姥姥姥爷带着。姥姥姥爷都比较迷信，平日里忌讳的东西比较多，不允许家人说一些丧气的话，也不许小孩子问一些与死亡有关的问题。

前不久，经常来和外婆聊天的姨姥姥生病去世了，江江有好几次看到外婆坐在屋子里抹眼泪。可是江江一进去，外婆就假装眼睛进了沙子，正在揉呢。那一段时间，家里的人经常谈论姨姥姥死亡的事情，从家人悲伤的表情中，江江感觉发生了什么事情，但是大人们都不愿意讲给他。

一天，江江问："姨姥姥去哪里了？”姥姥说："姨姥姥睡着了，永远也不会醒来了。”

江江又问："那我能不能去看姨姥姥呢？”外婆生气地说："胡说！小孩子到一边去玩。”从此，江江心里就隐隐约约地感觉到，姨姥姥睡着是一件很可怕的事情。

接下来发生的另一件事情，更加让江江觉得“睡着”是一件非常可怕的事情。江江家养的一只小花猫因为吃了毒老鼠，死掉了。死之前，小花猫痛苦凄惨地叫着，吐了好多白沫，眼睛鼓鼓的，非常可怕。小花猫死掉后，姥爷把它装到盒子里埋到了一片荒地里。晚上的时候，江江问外婆小花猫能不能回来，外婆告诉他，小花猫睡着了，永远也不会醒来了。

江江一下子联想到，姨姥姥睡着了，小花猫也睡着了，而且睡着了要被埋掉，永远都不能见面了，这是多么可怕的事情。江江开始担心，自己要是睡着了醒不来怎么办？爸爸妈妈要是睡着了醒不来怎么办？这些想法在江江幼小的心里纠缠不休，但是，江江怕大人们呵斥又不敢问，于是，每天躺在被子里的时候是他最痛苦害怕的时候。

妈妈怎么也没有想到，江江上课打瞌睡，竟然与这么多事情有联系。可是，孩子这么小，怎么才能对他讲清楚死亡这件事情，怎么讲才是正确的，妈妈的确也很困惑。

江江害怕自己睡着了也会死去，正是这种恐惧让江江不能踏实入睡。江江之所以对死亡产生这样的恐惧，与不恰当的家庭教育有很大的关系。

在很多老人的观念中，死亡这个词是很避讳谈的，江江的姥姥便是这样。如果家庭中或周围没有发生与死亡有关的事件，对死亡的回避不会给孩子带来影响，但是，一旦家庭或周围有人去世了，却依然避讳谈论死亡，则会给孩子的心理造成不利影响。

因为大人们虽然嘴上避免谈论死亡或者不去和孩子讲死亡，但是，小孩子的敏感度要远远超过大人们所认为的，看到大人们哀伤的表情，不同寻常的表现，他们的内心会产生很多好奇。而这些好奇往往伴随着害怕，因为大人们的表情和言行传递给他们的是一种负面的信息。可见，大人们的回避并不会让孩子的好奇和害怕消失，相反，孩子们会自己去找很多答案。

比如说江江在姨姥姥去世的时候没有搞清楚死亡是怎么回事，心里有了隐隐的害怕，他自己在心中一定会思考这件事。而小花猫惨死的情形，让他对死亡产生了恐惧，他很可能会觉得任何东西都是会轻而易举死掉的，而死亡是非常悲惨可怕的。大人们一直对他说，死就是睡着了，对于小孩子来说，他不能理解比喻的意义，只能从表面去理解，因此，他认为睡着了可以造成死亡这件可怕的事件的发生，进而变得害怕睡觉。因为曾经提出死亡的问题遭到了拒绝或呵斥，所以尽管他很害怕，却不能很好地表达这种恐惧，正是这种被压抑了的恐惧给他造成了很多影响。

心理学家认为，家长应该对孩子施以正确的死亡教育，尤其是周围发生了死亡事件时，对孩子的引导就更有必要了。如果比较亲近的人得了重病，即将去世，不要隐瞒孩子，大人们紧张的情绪会对孩子造成更大的心理压力。正确的做法是主动引导孩子说出内心的感受，比如，可以问问："你听说某某死了，心里是什么感受？"孩子有可能会痛哭，但是，这也是情绪的宣泄，要给孩子这个机会，并且告诉孩子你自己也很伤心难过，让孩子认识到，面对死亡这样的事情感到伤心难过是正常的。

家教锦囊

避免用“走了”“睡着了”等词来替代“死”：因为孩子更容易从字面上去理解，以免他们对真正的“走了”“睡着了”的行为产生害怕。孩子在知道了死亡这件事情之后，都会有害怕情绪，这个时候应该多陪陪孩子。很多孩子会像江江一样担心自己和爸爸妈妈会死掉，这个时候，爸爸妈妈应该告诉孩子，只要学会照顾自己，很多死亡都是可以避免的，大家都能够活到很老。

告诉孩子，美好的记忆不会消失：也可以告诉孩子：“某某虽然去世了，但是过去发生的很多美好的事情会永远存在我们的记忆中，我们可以永远思念他。”这样的安慰也可以减轻孩子内心的悲伤和害怕。最忌讳的是以一些迷信的说法来解释死亡，比如谈论鬼神，这样的解释会加深孩子内心的恐惧，甚至会导致孩子经常做噩梦。

如何帮助爱着急的孩子冷静下来

“这个小家伙，咱们上次聊过之后，他很快就变得不爱着急了！”早晨去送儿子，遇到了园长，园长开心地对我说。

儿子有一阵子脾气很暴躁，遇到事情就容易着急，比如说，老师教用教具取数，他取错了，最后一个完成，他就会跺着脚喊：“我是最后一个，我就知道我是最后一个！”语文课上，他的拼音没有读出来，他也会着急着大喊。

老师把这个情况反馈给我，其实那段时间，孩子在家里也容易这样的，因为一个玩具找不到了，或者是衣服穿不上去，他就大发雷霆。

与老师沟通完之后，我意识到，孩子现在出现了情绪上的困扰——遇到事情就很着急焦虑，这其实是一种很不舒服的体验。

而这情绪的背后，是他的一个认知：“我不会就不好，我慢了就不好！”

正是这个信念，使得他一旦完成不了任务，就会很着急，而情绪越着急，任务就越完成不了，结果陷入到恶性循环中。

对于儿子的这种表现，其实我是在意料之中的。

在儿子小时候，我们就很注意对他的情绪进行疏导。但是，去年的时候，家里发生了几件大的事情，公公婆婆相继去世，老公的心情不好，经常会对孩子发脾气，而我那一阶段工作又特别忙，对孩子的陪伴很少。

孩子出现问题太正常了，不出现问题倒是不正常呢！这也恰恰说明了家庭环境对孩子的影响作用。

幼儿园园长是个很懂幼儿教育的人，她反馈完这些信息后，对我说："家长及时调整，很快就会看到孩子的变化！"

我也很有信心，其实在和老师这次会谈的时候，我已经做出了工作时间的调整，老公也渐渐从情绪低谷中走了出来。

我们已经意识到了需要做出调整，之前的状态影响了孩子，这个时候，呈现出问题是必然的。

那既然父母的消极状态会给孩子带来消极影响，积极的状态当然就会带来积极的影响了——我对此充满信心。

回家后，我与老公进行了交流。首先我们要改变过度关注孩子的状态。之前有一段时间，老公对于孩子的安全、健康等过度敏感，这与他经历的重大生活事件有关系。

他处于强烈的情绪中，没有办法控制，但是现在他的情绪调整好了很多，是要及时划清界限，认识到那只是自己的情绪反应，避免过度投射到孩子身上。

其次，在提醒孩子一些事情的时候，尽量做到言简意赅，不要发散出其他太多的语言。比如，孩子没有穿鞋，只是提醒："请穿上鞋！"而不是说："你看你，又没穿鞋，你一会儿又把脚碰了，上次就碰伤了！"

做出这个调整，是因为家长过度的语言，尤其是指责性的语言，会造成孩子的"超限效应"，会激起他的烦躁情绪，这种状态就像是他的大脑通道出现塞车一样。不但不会提升提醒效果，反倒会让孩子焦躁、叛逆！

当我们做出这些调整后，孩子好多了，至少他因为家长情绪的影响而发脾气的情况大大减少了。

有一天下午接他回来，他要脱衣服，衣服的拉链却拉不开了，他尝试了几次，然后大喊起来："我真是太笨了，衣服拉链都拉不开！"

我走过去，蹲在他边上对他说："宝贝，你现在是有一些着急，这不是笨！"

"啊！我着急！"他喊道，不再说自己笨。

我也由此发现，需要帮他去明确他的很多感受和情绪，需要清晰地帮助他去命名情绪。但是，这个笨的信念哪里来的？它频繁地出现在他的语言中，那一定是有原因的。

我经过观察发现，儿子属于那种吸收力特别好的孩子，他不管做什么，似乎所有的毛孔都打开了吸收着外在的信息。也许是一本书，也许是大人无意间的聊天，都会成为他接收的信息。

因此，我们开始注意书籍的选择，只要涉及一些消极情绪的绘本，这一阶段尽可能不给他选择，以免他"断章取义"，前一阵子，爸爸给他讲了一本有关地震的书籍，他去幼儿园便不肯再摘掉骑自行车戴的头盔，后来才知道，是因为这本绘本里讲了一个小朋友在地震时因为戴了头盔，才避免受伤的故事。

其实，很多书籍的内容本身是没有问题的，进行安全教育也是很好的。但是，这一阶段我家孩子比较敏感，那就需要父母根据情况来调整他的读物。

就像是身体虚弱，不能吃不好消化的食物一样。食物没有问题，但是要根据吃食物的人的身体情况做出调整。

同时，我们也开始注意在他面前聊天的内容，尽可能多聊一聊读的书，积极的事物，而避免一些消极的信息被他吸收走。

这样做了之后，很有效果，孩子的急脾气很少见了。

除此之外，我在各种活动中都会有意识地强化他不怕失败、坚持、勇敢、冷静等品质。比如说，教他认字的时候，有时候他对某个字认好多遍都记不熟。以前我会着急，但是自己调整以后就明白了，其实认字根本不重要，教他认字也不是我作为母亲主要做的。我要的是，在这个过程中，培养他的习惯和个性，于是，再遇到多次不认识的字，我会笑着说："哈哈，这个字是大仇人！看我们什么时候能把它转化成朋友。"

于是，他也乐了，再遇到不认识的字时，不着急了，我会在认字结束后说："今天真不错，遇到不认识的字不着急，儿子不怕困难，太勇敢了！"他就很开心。

实际上，哪里会有记不住的字呀，重复重复再重复，开始再认不得的最后都会认得。

有一天，他又遇到了一个认了好几遍都记不住的字，他对我说：“妈妈，越是开始认不得的，就会越认得！”他要表达的意思是，开始越记不住的，重复之后越记得牢固。

“哇，就是这个道理，你总结得真好！”我及时地鼓励了他。

儿子六岁了，这个年龄段的小男孩都有点小小的英雄主义了，他渴望力量，也渴望挑战。

有一次，我和一位妈妈带着孩子们去森林公园，孩子们在一个小河边玩耍，两位同行的小男孩跨过了水流有点急的小瀑布，到了对岸。

儿子也想过去，但是走到一半却回来了，然后，不停地寻找着合适的路线，他伸手去摸石块，还用手中的小水枪去探石块，大概还是觉得水太深，放弃了。

“那里可以过去！”我指着一处喊他。

他看了看说：“不行，那里水好急，把我冲跑怎么办！”

“那好吧！”我不再坚持。

他来来回回找了好多遍，后来是在别人的帮助下过了对岸，又费了很多力气从对岸回来。

“妈妈，为什么我没有跨过小瀑布到对岸？”他有点沮丧地问我。

“你其实可以走，但是你很谨慎，你相信自己的判断，连妈妈说的话你都不听，而是自己去感受，这本身就很好啊！”

“那我勇敢吗？”

“当然勇敢！当你的好朋友走过去的时候，你没有盲目跟随，还在坚持自己的判断，这就是勇敢呀！”

这下，儿子释然了很多。

每个孩子的特质不一样，儿子就是属于小心谨慎的类型。他可能需要更多的时间去完成敢于过河的行为。表面上看是不够果敢，但是，我看到了他在不断地尝试，不断地寻找路径，看到他不停地去伸手摸水，用水枪探石块……他需要这个过程来给自己真正的勇气。

作为父母，要发现他性格中宝贵的资源，这些资源就如同一个支点，经由它，孩子会发散出更多的优秀品质。

作为父母，最不要做的就是随便给孩子贴一个标签，将孩子无限的可能性禁锢在你的评判中。

每一次考验都是机遇，每一次突破都是去往更高的阶梯。

作为母亲，一大幸福就在于你把爱与接纳，铺成一个又一个台阶，孩子踏着它走向更高更远，而你的心也可以一同高远。

家教锦囊

看到孩子着急背后的情绪：孩子着急表现的背后往往都隐藏着挫败恐惧等情绪，当孩子不能将这些情绪细分出来的时候，就会表现为着急，所以家长要静下心来帮孩子理清这些情绪，才能安抚到孩子。

对孩子的积极行为进行反馈：当孩子表现出沉稳不着急的时候，家长要反馈给他，让孩子明白什么样的状态是从容平静，这样孩子才会有一个努力调整的方向。

妈妈做什么，孩子才能主动学习

每个妈妈都希望自己的孩子能主动学习，这样，家长就能够省心很多，不用成为围着孩子转的陀螺，能够有自己的生活空间。

从长远来看，能主动学习的孩子成绩好，更有竞争力，而且主动学习能力不仅仅是获得高分，更是获得幸福人生的必要条件……

那么，该如何让孩子主动学习呢?

其实，只要我们把学习这个概念扩大外延，就不难发现孩子是生来就主动学习的：学翻身，学走路，学说话……哪一样不是孩子主动发出的呢?

所以，在这里，大家关心的主动学习，实际上更多的是指学习书本知识，是针对完成学校的任务而言。

首先，要想让孩子主动学习，保持孩子的学习乐趣很重要。

趋于快乐，逃离痛苦，是人性，同样，当一件事情能带给我们快乐的时候，我们自然就愿意从事它，学习也是这样的。

那学习的乐趣是什么？

这是由多个因素决定的。比如说，我们在进行一个任务时，觉得任务好玩，就愿意从事；再比如，我们感觉到有价值感、能收获奖励、欣赏……总之，能感受到好处，我们才愿意从事这件事情。

因此，对于小一些的孩子来讲，让学习任务变得好玩很重要。比如，把数学题编成有趣的游戏，把认字编成顺口溜，这样一来，孩子玩得开心，他就很愿意去做。

我在教儿子识字的时候，其中一个游戏是将几个要识的字，进行不同的排列，然后将这些字编到故事中。

故事的主角是他特别喜欢的人物——弟弟、长长蛇、小海豚，对于一个又一个有他和小伙伴参与的故事，他充满兴趣，每天会催着我让我给他认字编故事。

另外，孩子在学习过程中，要让他产生成就感很重要。其实每个孩子都渴望成为更好的自己，也都很渴望进步。

因此，学习任务要适量，难度要适中，千万不要因为很大的挫败感让孩子产生了对学习的厌恶。

很多孩子对学习产生厌恶，实际上是因为在学习中遭遇了过多的挫败。比如，一道题目不会做，孩子与这道题目较劲、对抗，结果很长时间过去，孩子败下阵来，一次又一次，学习的信心被严重挫败，自然就不想学习了，更别说主动学习了。这就需要家长能够及时地发现孩子遇到的问题，引导孩子去解决这些问题。

再比如，对于五分钟以上还解不出来的题目，就可以记录下来，第二天去请教老师，请教同学，而不是在那里和这道解不出来的题目较劲。

很多时候，在时间更广，资源更多的情况下很容易解决问题，然后自己去把这个知识点巩固牢固，也同样会变成自己的知识。这样做的好处是孩子避免了学习的重挫，保护了孩子的学习信心和兴趣。

这里涉及一个家长的态度，这是很重要的。很多家长在孩子遇到学习困难的时候会很焦虑，这种焦虑传达给孩子，孩子会觉得很沉重，也会很着急。家长如果放轻松，笃信只要通过不断地重复，是一定可以将这个知识点掌握的，孩子就不惧怕困难。

我最初教儿子识字的时候，也曾一度要被愁死，有些字他认得很轻松，可有些字怎么也记不住，最关键的是有一个他记不住的字竟然是“大”字，重复了好多遍，每次亮出这个字，还是不认识。

我心里不由得着急。我发现，孩子比我还急，他一不认识，就发脾气：“哼！我记不住，我记不住！”

我及时意识到是自己的情绪影响了儿子，于是及时调整。再出现不认识“大”字的情况，我会哈哈笑：“啊，这个大，真是个大仇人！”儿子于是也跟着乐！然后不知不觉中，他牢牢地记住了这个大字。

由此，我们还发明出一个“化敌为友”的游戏。不认识的字是仇人，我们要通过认识它将它收编，最后熟悉了就变成朋友。这样一来，认字的过程就很开心了。

我很庆幸及时地调整了方法，否则，孩子的学习信心被挫败了，那还谈何主动学习呢？

最后，与孩子理想挂钩，激发动力，让孩子主动学习很重要。

我们要相信，孩子们对理想的执着，有时候比成年人都强烈。你看那些穿上小警服就威风得不得了的小男孩，你看那些穿了公主裙就陶醉无比的小女孩……

孩子的心目中，总有一个自己想要成为的人，他们会通过幻想一遍遍地进入到这个理想的角色中，这是让孩子主动学习非常强有力的动力。

家教锦囊

帮助孩子认识学习的意义：要想让孩子主动学习，家长可以巧妙借力，告诉孩子学知识对他实现理想会有哪些帮助，孩子常常就变得更加能够克服困难，为理想而战了。其实，对小一些的孩子来讲，养成主动学习的习惯，父母最初的陪伴很重要。

引导孩子解决问题：陪伴不是替代，而是帮助孩子形成学习的好习惯，帮助孩子及时发现问题，引导孩子学会解决问题。陪伴是为放手，当孩子形成好的学习习惯时，主动学习就不是难事了，父母也就能腾出时间做自己的事情了。

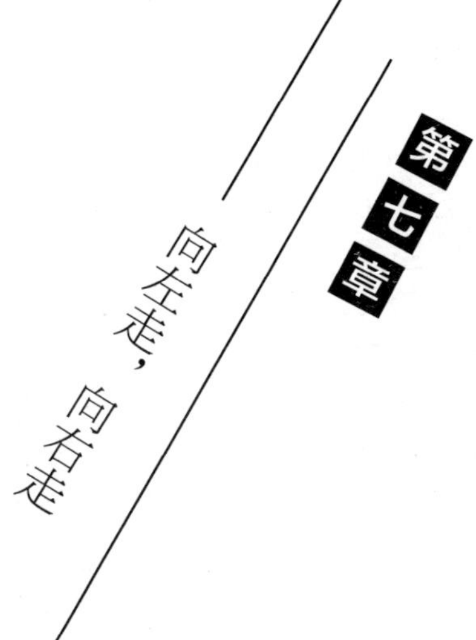

第七章 向左走，向右走

当孩子问到了你不愿意回答或者不知道该如何回答的问题时，可以坦率地告诉他这个问题现在解释起来有点难，你要想想再告诉他。然后你要真的去想一想以什么样的方式与孩子说更好，别忘了要信守承诺去和孩子谈这个话题，这样做孩子会更信任父母。

宝贝的人际交往，家长该干涉吗？

月月上幼儿园后，和菲菲成了好朋友。正巧月月妈妈和菲菲妈妈也是关系不错的朋友，于是觉得孩子这样的搭档太好了。但最近月月不爱与菲菲一起玩了，反而和另外一个小男孩成了朋友，放了学，点名邀请小男孩到自己家做客，菲菲要去，月月却不同意。月月妈为此很过意不去，她想撮合月月继续和菲菲做好朋友，但是月月却不肯……

随着孩子从家庭走入幼儿园，宝贝们的人际交往也开始出现了。对于孩子和哪个小朋友交往，家长们往往也是很关心的。一方面，家长们渴望孩子积极发展人际交往能力，同时，也希望孩子能交到合适的朋友。然而，这里的“合适”却常常是家长从自我的角度理解的合适。比如，月月妈妈因为和菲菲妈妈是好朋友，就很希望月月能与菲菲一直做好朋友。

事实上，孩子的交往原则有他们的规律，并非以家长的意志为转移。

孩子的交往模式从一对一开始

为什么和一个小朋友交往，就不理其他小朋友了呢？为什么自己的孩子被另外两个孩子排斥了呢？很多家长为此苦恼。

实际上这正是三岁左右孩子的交往特点。

幼儿们刚刚走出了“虽然大家在一起，但是却是自己玩自己的”的平行交往阶段，进入到“交互交往”的阶段。然而，最初刚进入“交互交往”阶段时，孩子们大多只能处理一对一的关系，他们还没有能力处理两个人以上的关系。这就是为什么三岁左右的小朋友，常常会是两个人在一起互动。当然，这时候的孩子与十来岁的孩子形成的密友关系并不一样，他们可能会在不同的活动中变换朋友，但是在互动时，却只能处理一对一的关系。家长如果生硬干涉，会扰乱了孩子内心的正常发展。

友谊的不稳定性

幼儿园的孩子的朋友关系大多数达不到很稳定的状态，孩子会不断地变换朋友，在一段时间内，让他们成为朋友的原因常常是共同的兴趣爱好。比如，同样喜欢小汽车玩具的孩子容易成为朋友；而同样喜欢洋娃娃的孩子容易成为朋友。但是，孩子对玩具和游戏的喜好会随着各自心理发展所变化，而一旦爱好不再一致，朋友关系往往也就不再密切了。

人际关系发展进程带来的心理调整

任何一个亲密关系的完整发展，都要经过：浪漫期、权利争夺期、共同创造期。

幼儿之间的关系亦是如此。一般来讲，刚成为朋友的一对小伙伴，他们会互相谦让，如胶似漆，但是当到了权力争夺期，矛盾就开始出现。这对幼儿来讲，是在发展服从与控制，不断认识自我边界、保护自我边界并尊重对方边界的过程。如果这个过程彼此磨合不好，则很容易分道扬镳。不过，分道扬镳并非坏事，这里发展的是孩子自主选择的能力。而度过了权利争夺期，孩子们就进入了共同创造期，关系也相对有所稳定。

对于幼儿来讲，还不存在道德的评判，也不存在人品的区分。因此，家长不宜去干涉孩子的交往选择。这时候的人际交往，不会影响到未来。

家教锦囊

帮助孩子发展友谊：比如，鼓励孩子与对方分享零食、玩具，孩子们容易通过分享来建立彼此的熟悉感；家长也可以带着孩子一起参加活动，更广阔的活动更容易让孩子们找到彼此的兴趣交集，进而成为好朋友。

友好地对待孩子过去的朋友：对于他们“换掉”的朋友，家长也要友善热情地对待，这只是孩子发展成长的表现，而你的友好态度，会在孩子心中埋下尊重和接纳的种子，有利于孩子未来的人际交往。

宝宝黏人，妈妈巧应对

苗条漂亮的木小琪一直是大家公认的美女，从得知怀孕那天起，木小琪就很担心有了宝宝后身材会变形，皮肤会不光洁。茜茜出生后，木小琪在享受为人母的同时最大的心愿就是赶快继续自己的“美丽人生”。总算熬到茜茜一岁了，木小琪准备将工作之余的大部分时间用于美丽计划以及和朋友聚会。

可这样的生活只过了几天就被迫停止了，原因是茜茜太黏妈妈，吃饭只要妈妈喂，哭了非要妈妈抱，睡觉也必须妈妈陪。有几次，从木小琪去健身房离开后，茜茜就一直哭，直到哭到她回来。木小琪为此真是烦恼至极，难道做了妈妈就只能失去美丽和自由吗?

宝宝黏妈妈，几乎是每位母亲都会遇到的情况，但是有些母亲会格外焦虑，这除了与母亲的性格有关外，还取决于她们是否对宝宝的到来有足够的心理准备。如果妈妈对宝宝的到来没有足够的心理准备，面对宝宝的黏人便更容易焦虑。比如，木小琪就很担心宝宝的到来会影响了自己的美丽，在这种心态的影响下，新妈妈往往会采取一些非理智的行为，即通过一些不恰当的方式验证“我还可以像没孩子时那样去生活”，这种强烈的愿望背后，实际上是对现在生活的无所适从和不满意。在这种慌乱急迫的心态下，新妈妈往往会忽略了宝宝的感受，只是一味地想和孩子拉开距离，殊不知，一旦违背了孩子的心理发展规律，只能适得其反，使宝宝因为不安和恐惧而加剧对妈妈的“黏”。

其实，对于三岁以前的幼儿来讲，“黏妈妈”不仅不是什么坏习惯，而且是幼儿和妈妈交流的一种方式。这种“黏”既在表达对妈妈的亲密和需要，也在为幼儿以后的人际关系奠定基础。因此，新妈妈最好不要在这一阶段操之过急地与宝宝拉开距离。

既然“黏”妈妈是宝宝这一阶段的心理特征，那么妈妈应该尽可能地给予满足，随着宝宝的成长，这种黏度会自然降低。新妈妈不妨将有些美丽计划搬回家做，也可以邀请要好的朋友到家中小坐，既陪伴了宝宝又聊了天，应该是不错的选择。

上班或外出前，做好准备工作。可以先陪宝宝做些游戏，然后妈妈当着宝宝的面换衣服、穿鞋子，如果宝宝出现不安，妈妈可以吻吻宝宝，对他说：“等妈妈回来再陪你玩！”然后继续做离开的准备。妈妈的这些行为一方面让宝宝有了和妈妈暂时分离的心理准备，另一方面，也能让宝宝感觉到妈妈有多么爱他，进而减少宝宝和妈妈分离后所产生的焦虑。千万不要用斥骂或欺骗的方式和宝宝道别，这会导致宝宝产生更强烈的恐惧和不安。

“妈妈，我要妈妈！”“妈妈，你别走，你别走！”每天早晨，送儿子上幼儿园成了最令张晓头疼的事。看着儿子泪雨滂沱的小脸，张晓心疼不已，可是，孩子已经四岁了，总不能天天黏着妈妈吧。可实际情况是，儿子真的很黏人，不但每天上幼儿园时哭得天昏地暗，平时也是非妈妈不认。比如说，张晓带着儿子到同学家做客，别人家的小孩很快就一起玩起来了，唯独儿子，寸步不离地黏着妈妈。再比如说，在电梯里遇到熟人，张晓很希望儿子能大大方方地打招呼，可让她失望的是，儿子抱着她的腿躲在她身后，一句话也不说。虽然很疼爱儿子，但对于儿子的过分黏人，张晓有时候也觉得很没面子。

对于大多数宝宝来讲，三岁之后黏妈妈的程度会大大降低，除非他们所处的环境是陌生的，否则，他们都会比较快地投入到游戏当中，或者和其他小朋友一起玩耍。但是，对于有些性格怯懦、缺少自信的宝宝来讲，却依然很“黏”妈妈，和周围同龄小朋友的对比会让妈妈更加觉得宝宝“黏人”。很多妈妈这个时候会采取强硬措施，比如，将宝宝拉到人前，强迫他与人打招呼，或者是不耐烦地训斥宝宝。殊不知，错误的方式并不能彻底解决宝宝黏人的情况，相反，有可能会给宝宝造成更大的心理伤害，进而变得更加退缩。

对于这类宝宝，父母应每天抽出固定的时间来陪伴，在游戏的过程中，多鼓励宝宝，以帮助他建立自信心。也可以邀请邻居小朋友到家里玩，在熟悉的环境中，宝宝容易和人建立起交往关系，渐渐地，与人交往的能力将会提高，而一旦有了外在交往的吸引，对妈妈的黏度自然会降低。值得指出的是，父亲在这个时候应该多介入到对宝宝的陪伴中，因为父亲的力量和父爱的方式更容易让宝宝建立信心，当然，无论是父亲和母亲，都切忌用暴躁的方式来与宝宝相处。

另外，也可以设置一些“暂时分离”的游戏，让宝宝感觉到与妈妈分开其实没那么可怕。比如说，与宝宝一起玩过家家，然后对宝宝说：“妈妈去买菜，宝宝在家乖，妈妈一会儿就回来”“妈妈去上班，一会儿来幼儿园接宝宝”然后，妈妈故意离开一会儿，再回到宝宝面前时，及时地夸赞宝宝乖。这样的游戏做多了，宝宝会渐渐适应与妈妈的暂时分离。

三岁半的壮壮是个让妈妈很放心的孩子，和妈妈很亲密，但也能适度地与妈妈分开与小朋友们一起开心地游戏，这一点颇令妈妈感到欣慰。但最近壮壮却像变了个人似的，总是黏着妈妈，幼儿园也不愿意去了，睡觉时也要抱着妈妈的胳膊，要是醒来发现妈妈不在身边，还大哭大闹。妈妈猜测，这可能和不久前的一件事有关：那天晚上，壮壮的奶奶犯了心脏病，她便和老公陪婆婆去医院了，当时看着壮壮睡得很熟，就没有叫醒他。她和老公回到家时，已经将近凌晨了，壮壮依然在睡，只是小脸蛋上满是泪痕，显然，儿子一定大哭过。现在回想起来，就是从那天起，壮壮变得特别黏妈妈了。

宝宝的心灵很容易受到伤害。一些不愉快的经历、场面，都容易让宝宝产生焦虑不安感，如果得不到家长及时的抚慰，这种焦虑不安感可能会持续存在，影响宝宝的情绪。壮壮很可能就是因为半夜醒来，在一片漆黑中却找不到妈妈，因此产生强烈恐惧的。对小孩子来讲，如果在最需要母亲时候找不到母亲，会觉得是母亲抛弃了自己，进而对母亲产生了不信任感，而这种害怕失去母亲的不信任感又加剧了他们的不安。

因此，如果宝宝突然变得黏人，一定不要大意，而是要仔细寻找原因，有时候，宝宝身体感到不适的时，也会通过黏人的方式来表达。

对于这种情况，妈妈可以用温暖的双手触摸宝宝，可让宝宝感觉到安全和温馨。哄宝宝入睡的时候，妈妈可以轻轻地拍打宝宝，让宝宝感觉到妈妈就在身边。在这样的环境下，宝宝紧张的心情会逐渐放松，盘踞在心中的恐惧就被渐渐驱散了。值得注意的是，如果时间允许，妈妈最好坚持这样陪伴宝宝；如果时间不允许，也要坚持一段时间，待那些不愉快的情绪彻底不困扰宝宝后，妈妈再逐渐缩短陪伴宝宝的时间。

家教锦囊

接纳宝宝的黏人：妈妈要理解宝宝黏人是一种很正常的现象，无论发生了什么情况，他能黏妈妈都说明他在寻找安全感，妈妈越能给予接纳，不急不躁，不将孩子推开，孩子恢复得越快。

信守承诺：对于三岁以上的宝宝，妈妈可以将自己的安排告诉宝宝，并且一定要信守承诺，在答应宝宝的时间回到宝宝身边。渐渐地，宝宝将相信妈妈不会离开自己，只是暂时的分离而已，而一旦建立了信任，宝宝也就没有必要用“黏”妈妈的方式来把妈妈“栓”住了。

那些不必对孩子说的谎言

三岁的琪琪在爸妈争吵时哭了起来，万女士意识到孩子被吓到了，就赶快强压着自己的情绪，对女儿说："爸爸妈妈没有吵架，只是在商量事情！"

小孩子对于父母的关系有着天生的敏感，有心理学家认为，即便是孩子处于睡眠中，依然能够感觉到父母在吵架。当父母不小心在孩子面前发生了争执，或者不可避免地将坏情绪带到家时，最需要做的不是去掩饰两个人吵架的事实，而是告诉孩子爸爸妈妈因为生气而吵架了，和宝贝没有关系，不是宝贝的错，爸爸妈妈都爱宝贝。因为很多孩子会将父母吵架的原因归咎于自己不乖，而澄清与孩子无关，可以减轻他们的心理负担，同时也没有扰乱孩子敏锐的判断力。

四岁的儿子看上了一辆五百多元的玩具汽车。想到最近老公的生意出现危机，田女士不想在这个时候为儿子花这么多钱买这个汽车。于是说："你的玩具都是玩几天就不玩了！不是妈妈不想给你买，是你玩具太多了"

心灵的贫瘠感带给孩子的负面影响，远远大于经历实际的经济危机。田女士为了掩饰家里的经济现状，儿子玩具太多做借口拒绝儿子，会给儿子带来更不利的影响。父母的强加会让孩子觉得"我不值得拥有"，这会削弱一个孩子的价值感。不妨告诉孩子家里暂时经济有些紧，妈妈不想花这么多钱给你买一个玩具。爸爸妈妈正在积极想办法挣钱，宝贝也可以与爸爸妈妈一起想办法。父母积极冷静的态度，是孩子最强大的心理后盾，他们并不会因此陷入恐慌中。相反，这段经历还可能变成孩子的财富，让他今后有更积极的态度和更多元的办法来面对生活的挑战。

自从二宝出生后，孙女士把大部分的时间和精力都放在了二宝身上，而且比起已经处于第一叛逆期的大宝来，二宝更让妈妈有价值感，孙女士打心眼里也更喜欢照顾二宝。但有时候又觉得愧疚，于是，在大儿子争宠的时候，孙女士就安慰大儿子："妈妈其实更爱你！"

虽然每个妈妈都声称自己会一碗水端平，但实际上"偏心"却是普遍存在的一个问题，一般来讲，在孩子小的时候，小的、弱的一方会得到母亲的偏爱；而稍微大一些时，那个符合父母"规则"的孩子则更容易得到父母的偏爱。妈妈掩饰自己的偏心，只会让孩子觉得被欺骗，从而更加失去对妈妈的信任。比较好的做法是坦率地最大程度地避免偏心承认："因为弟弟小，所以妈妈需要更多的照顾他。但是，妈妈也依然很爱你，你如果有委屈和不满也可以向妈妈表达。”在孩子表达委屈和不满时，可以多去倾听。这样可以避免带给孩子伤害，同时，也避免亲子间产生更多的误会。

家教锦囊

承认自己的情绪：家长也会产生害怕、无奈，忧伤等情绪，这是正常现象。如果你的这些情绪被孩子感受到了，你千万不要否定，只需要真实地告诉孩子你确实有这些情绪，不过你有能力自己调整，如果你需要安静一下，也可以坦白地告诉孩子，你需要一个安静的空间。

认真地对待孩子的提问：当孩子问到了你不愿意回答或者不知道该如何回答的问题时，可以坦率地告诉他这个问题现在解释起来有点难，你要想想再告诉他。然后你要真的去想一想以什么样的方式与孩子说更好，别忘了要信守承诺去和孩子谈这个话题，这样做孩子会更信任父母。

孩子的深度话题，你接得住吗?

儿子的好朋友来家做客，我在书房工作，顺便听了两个孩子的对话。一个将近五岁的男孩，一个是五岁多一点的女孩，两个人探讨了一个有关生命的深奥话题：

“嗯嗯，是得了死亡病。”

“不是所有的病都会死”

“对，是得了治不了的病才会死。”

“我们得健健康康的。”

“嗯，健健康康就不能总生气。”

“对。”

“牛顿就爱生气，然后就容易得死亡病。他在苹果树下看书生气。”

“他是被坏人的枪打死的吧？”

“我长大了，比坏蛋还能打。”

“那你成了奥特曼了？”

“不对，比奥特曼还能打。”

“哈哈，我们要很开心。”

“嗯，开开心心的，快快乐乐的，死亡病就不会来，不会靠近。”

“对。”

“有种死亡病，是心碎病，是心碎了，人就死了。”

“嗯，那个病，必须开开心心，健健康康，不能骗人，必须特别善良，就不会得那种病。”

“嗯，必须很快乐对吧？”

“是，就不得屎病？”

“哈哈，屎病！”

“哈哈哈哈哈……”

中间，两人到阳台上换了玩具，回来后，此话题又继续了好长一段时间，之后两人吃饭时，又对“不能吃太胖，吃太胖就变猪八戒了”的话题进行对话，饭后又说起“纸都是砍大树造的”，并猜测了纸的制作过程——“就是把树皮扒下来，然后刷上白漆”。

听着他们的对话，我忍俊不禁，孩子们的话太有趣了，同时心里也生出深深的佩服：生命、健康、环保、工艺……好有价值的对话，原来，最会聊天的是孩子啊！

记得在朋友圈看到过一段根据女人谈话将女人分级的文字，大概意思是三流女人聊家长里短，二流女人聊吃喝拉撒，然后将谈精神、谈成长、谈人生、谈生命的女人归到一流或者特品中。

身为女人，虽然对将女人如此粗线条分类的说法有本能的抵触，但是也不由得去衡量，自己到底能不能跻身一流和特品中，却发现，自己其实是穿行于几个层级之间的。

谈精神，谈人生，谈心灵，是个奢侈品，庆幸的是，在我的生命中，能陪伴我去聊这样话题的朋友虽然为数不多，但也尤其珍贵……

那种心有灵犀的默契感，以及彼此碰撞而产生的灵感火花，常常在不知不觉中，拓展了生命的宽度与深度，令人禁不住感慨生命真美好，有你好幸运。

然而，遗憾的是，我与很多亲人却达不到这样的沟通。

当然，这里有我的问题，我还没有足够的能量将与很多亲人间的谈话话题代入到一个比较好的状态，我相信，其实每个人都渴望精神的交流和心灵的碰撞。

但是，又不可否认，彼此的交流，真的又容易受限于一些条件，比如说以往交流的习惯和彼此交流的气场，以及涌动在内心深处的微妙感受。

回忆小时候的经历，我觉得影响了我们之间这些感觉的是过多的限制。比如，当小时候的我谈到某个话题或者出现某个行为时，大人们责备的表情，或者是说不清缘由的阻止。

我清晰地记得大概五六岁的时候，和妹妹在床上玩过家家，我将一个靠垫背在后背，假装在背一个宝宝，为了将靠垫固定在身上，我拿起一块白颜色的布绑在了身上。

妈妈看到后，命令我赶快解下来，同时眼神中的惶恐让我既尴尬又害怕。

我不知道发生了什么，我只知道自己像是闯了什么大祸，可是，到底为什么闯了大祸呢？我不知道。

我敏感地琢磨，细心地观察，大概好几年之后才明白，是那块白布缠在身上不吉利，因为它让人联想到家里有人过世穿的孝服，进而联想到死亡……确实，我们小时候是绝对不能谈死亡话题的。如果你谈到它，肯定要被严厉制止。

但是，如果当时妈妈能够解释原因给我听，我想，我不会在恐惧的猜测中度过好多年。

当然，不仅仅是死亡这样的话题，在生活中还有很多的话题是不能触碰的。

还记得，我的一个邻居的孩子大概三四岁的时候，和一个小朋友到照相馆合了影，然后回到家很开心地骑着一个小板凳，模仿骑着自行车的样子说："我要去和某某谈对象……"

结果被她妈妈严厉斥责："有没有羞？这话以后不准再说了哦！"

我当时大概十来岁吧，我心里其实清楚，小女孩是将照相和谈对象搞混了，因为带个同音字说混淆了，却遭到了这样的批评。

当生活中充满着各种不允许，孩子就会为了保护自己，而学会与大人避而不谈一个又一个的话题，就这样淡出了我们的谈话。

我们经过权衡定夺，最终发现拿不准的话题不谈最安全，而类似"吃了吗？""饿了吗？""好吃吗？"等话最安全，于是，它们渐渐地变成了与有些亲人之间最频繁的话题。

我们可以推测，在这种环境下，我们还怎么敢跟家人去谈论一些话题？比如死亡，比如爱情。而事实上，无论是死亡的话题，还是爱情的话题，它本身就属于很值得去探讨的精神话题。

经济学家陈志武曾在书中提道：“如果女儿今后跟我联系，只是因为我是她们的父亲，而不是跟我谈话投机，那会是一种失败……”

想来，不能与最亲的人分享心灵，真的是种遗憾呢！

当然，这么说，并不是要怪我们的亲人什么，毕竟，在他们那个年代还没有太多的机会去接触家庭教育。但今天，当我们做了父母，我们有机会去学习很多家教知识，我们真的应该去珍视孩子那份来自心灵深处的心灵对话。

与孩子谈话时，除非他说了不礼貌的话，否则，作为父母千万不要去过多制止。

也许，当你听到孩子某些话时，心里不舒服，这时，一定要停下来问问自己，为什么要制止？很多时候，是因为我们内心的恐惧。

最重要的不是制止孩子，而是去与自己内在沟通。

比如说，我儿子曾经问过我：“妈妈，你什么时候就死了？”

第一次他问这个话题时，说实话，我的心里不舒服，但是我马上意识到，他问的问题是正常的，不舒服来自于我自己对于死亡的回避态度。

于是，我对他说：“妈妈会死，不过要很老很老的时候死。”

有了这次对话之后，生死问题不再是我们家讳莫如深的话题，而是成了一个日常对话内容。

去年，孩子的奶奶病逝，儿子知道后难过地哭了，但他在第二天对我说：“奶奶死了，因为每个人都会死。奶奶到了宇宙空间，变成星星了！”

从那以后，他看到星星又会问奶奶变的那一颗会不会掉下来。然后，我们又讨论人死了不能复活的话题。

说实话，对于亲子间这样的沟通，我感到很欣慰，虽然儿子还不到五岁，但是有时候和他聊天却会有一种很尽兴的感觉。

另外，孩子在成长中谈到的一些话题可能令父母感到尴尬。

这个时候，父母依然不要直接呵斥孩子不要说，而是一定要冷静下来，你可以立马制止，但是一定要给孩子解释原因。

比如，我儿子有一个阶段对于“臭粑粑”一词超级感兴趣，我发现，三四岁这个年龄段的很多小朋友都对这些类似的词汇感兴趣。这是一种心理发展过程中的现象。只是，他一些出其不意的举动，还是让我尴尬过几次。

有一次，家里来了客人，大家吃火锅，买了麻酱调料，就在我给客人将调理挤到碗里的时候，他说：“粑粑麻酱！”

我当时生怕客人会尴尬，影响到大家的就餐心情，于是赶快对客人解释：“抱歉，他们这个年龄段的孩子就对这些词汇感兴趣。”

然后又告诉儿子：“吃饭不可以说这些，会让人不愉快。”

儿子问为什么，我认真地回答了他。并且告诉他，当客人吃饭时说这个词，会让客人感到害羞、不好意思，而且这么做是不礼貌的行为。

儿子懂了，点了点头。当然，这个行为依然没有立马改变，在家人面前，还会故意淘气，不让说偏说，但是在客人面前却收敛很多了。

这件事情不是也轻松解决了吗？干吗非要把一件原本正常、只因理解有差异的事情搞得十恶不赦呢？

总之，每个孩子都是哲学家，每个孩子都对很有精神高度的话题充满兴趣，并且渴望与父母交流。

但愿我们每个父母都能接得住孩子这种邀请，也希望我能通过自己的不断成长，能够与亲人们找回一些最宝贵的交流。

家教锦囊

用故事的方式讲给孩子：有些话题，如果觉得不好就直接告诉孩子，可以编一个小故事讲给孩子。现在的教育资源越来越多了，其实有很多绘本针对一些敏感的话题，对孩子进行教育。家长如果自己编不出故事，也可以去找这些绘本来，对孩子进行教育。

避免责备：孩子的有些话题很可能会触碰到家长内心的某些情结，比如说恐惧害怕，尴尬无所适从，这个时候一定要分清楚这是自己的感受，并不是孩子为了让我们这样才说这些话的。避免因为情绪过激而责备孩子，若不允许孩子表达自己，他的心扉又怎么能够保持敞开呢？

孩子总是频频出错怎么办？

正在上二年级的和雅是个活泼可爱的小女孩，但是最近一段时间，老师们却屡屡向和雅的父亲反映情况，说和雅的成绩下降得很厉害，比如，以前算术总是考满分，最近却只能得七十多分。和雅的父亲看了女儿的试卷，发现出错的原因都是因为粗心大意。听老师们说，和雅最近反应很迟钝，做题速度也比别的孩子慢。和雅的父亲带着女儿去测了智商，发现孩子的智商很正常。后来，经过细致地分析，竟然发现孩子的粗心大意与母亲有很大的关系。

和雅的母亲张女士是一家外企的主管，对自我要求很高的她总是不满意丈夫对女儿放任自由的教育。她过去经常出差，实在无暇顾及女儿，自从半年前改变了经常出差的状况后，便接过了辅导女儿的重任。可是张女士的脾气急，看着女儿磨磨蹭蹭的样子，总是止不住呵斥，女儿出现了一点小差错，张女士也绝不放过，争强好胜的她还给女儿报了很多辅导班，希望女儿将来能比自己更有出息。可让她失望的是，女儿的表现越来越差，张女士急了难免会打骂女儿，可女儿除了表现出战战兢兢的样子，并不能改变什么。渐渐地，张女士对女儿越来越失望，她甚至怀疑自己的女儿是不是先天条件就不好。她怎么也没有想到，正是自己过于严厉的教育方式导致了女儿频频犯错。

心理专家认为，和雅的表现是一种神经过敏性焦虑。造成的原因是孩子的自尊心受过严重损害，以致会对威胁到自尊心的预感产生过度担忧的反应。有神经过敏性焦虑的孩子，在解决问题或完成任务时，其关注点不是放在如何完成好任务或解决问题之上，而是在反复担心自己不要出什么差错，怕别人批评指责，怕被人看笑话。如此一分心，就更容易出错了。特别是如果一开始就不能在问题的解决方面取得任何进展或出了什么差错，那么这时就很容易引起他们的慌乱，就会对可能出现的挫折与失败过分担忧。这种慌乱的累积影响使孩子完全丧失适应新情境的能力，以至造成反应的阻滞，转而又激起“保全面子”的强烈企图，作出种种不管合适与否的反应。另外，高度的焦虑还会影响他们的感知范围，进而影响他们的注意力，使他们看上去反应迟钝落后。

心理学上的一个测试也很好地证明了紧张焦虑与犯错之间的关系。心理学家曾以大学生为被试对象做了一个实验。实验分成二组，一组是神经过敏性焦虑高的被试者，另一组是神经过敏性焦虑低的被试者。实验者要求他们一律蒙上眼睛，去解决一个新的学习任务。对于这一新的学习任务，被试者过去的经验不仅没有帮助，而且实际上是一种障碍。要解决这一问题，必须具有随机应变的技能。

那些焦虑程度低的被试者往往会设想只要自己练习几次就一定能成功，即使失败了，他们也只是认为自己不擅长这类任务而已；而那些焦虑程度高的被试者，遇到困难时却显得紧张而恐慌，他们变得更加否定自己的价值，近而更加影响对问题的解决。这个心理实验充分说明，在许多简单问题上“能力低”的人之所以表现得比“能力高”的人差，其实已不光在于能力的差异，而在于心理稳定性以及自信程度的不同。

张女士过于严厉的教育方式以及急躁的性格，让女儿觉得她绝对不能犯错，因为她一犯错，妈妈就会生气发火，而成人这种态度对孩子的自尊心是个很大的打击。时间长了，女儿开始变得自卑而害怕否定，对外部的反应也越来越敏感。这些都使得和雅要分出一大部分精力来关注自己解题的正确与否以及妈妈相应的脸色反应。而由此产生的恐惧与焦虑感，又将严重干扰她对学习问题的注意和思考，那么她的反应迟钝、容易粗心大意、解题速度慢等等现象都是必然的了。

家教锦囊

学会放手：家长过度的管束会剥夺孩子的主观能动性。孩子一方面会因为害怕责骂而紧张，导致做事效率低下，另一方面会渐渐忘记，自己是自己行为的主人，在心理上对家长产生过分的依赖，这就是很多家长反映的很多孩子是管一管动一动，不管就

不动的主要原因。因此，家长不妨学会放手，让孩子自己去完成所需完成的事情。

和孩子一同探讨解决办法：当孩子频频犯错的时候，家长可以给予方法的指导，但是，孩子对方法的接受与否是影响方法生效与否的关键因素。很多家长愿意把自己认为好的方法强加给孩子，实际上，孩子内心中很可能没有接受。最好的方法是和孩子一起来探讨。比如说："我们来想想避免出错的办法……我觉得做完题检查一遍是个不错的方法，我们来实验一下管不管用……"这样做，可以激起孩子对这个好方法的兴趣，也就更容易接受和掌握了。

帮助孩子建立自信心：一个经常挨批评的孩子自我评价会降低，在心中产生"我很笨""我又要出错"了的声音，而这些负面的声音会让他们紧张，致使更多错误出现，因此，家长一定要认识到，孩子信心的建立是改变频频出错的最重要的因素。作为家长，不要总是一味地批评孩子，而是能看到孩子的优点和进步并及时准确反馈给孩子。一个眼神，一句赞扬的话，一张表扬性质的纸条都是帮助孩子建立信心的好方法。你会发现，当你把自己的孩子定位成一个不断进步有很多优点的孩子时，孩子通常会朝着你期望的方向去发展。

打孩子，该不该

虽然现在很多家长反对“棍棒底下出孝子”的教育理念，但是，当家长认为孩子的确犯了错误的时候，或者是希望孩子能记住某个教训的时候，依然会禁不住通过体罚来惩罚孩子。

谈到要不要打孩子的话题，嘉嘉爸爸有一套自己的观点：“该打的时候就得打！”

嘉嘉爸之所以理直气壮，是因为他觉得打奏效了。比如有一次，嘉嘉趁着爸爸睡觉，爬到床头柜边上去玩电灯泡。爸爸猛地醒来，看到儿子都快把灯泡拧下来了，很是害怕：万一触电，那还了得。

于是他拉过儿子就狠狠地朝他屁股拍了几巴掌，一边打一边说：“你想触电呀，以后还敢不敢了？”嘉嘉被爸爸打得哇哇大哭，一边声嘶力竭地哭喊一边说：“不敢了，不敢了。”

“从那次起，他没有再动过电灯泡。”嘉嘉爸不无得意地说。

表面上看起来，嘉嘉爸爸的话似乎很有道理，他的行为似乎也很奏效，但实际上只看到了“打”带来的表面效果，却没有理解“打”所带来的深层伤害。

父母动手打孩子，孩子是一定会产生恐惧心理的。出于趋利避害的本能，有些孩子有可能会避免相同行为的出现，这实际上是对创伤性情景的回避。

表面上看起来，孩子是不再犯类似的错误了，但是由于他们并没有真正搞清楚自己错在了哪里，所以在今后，可能还会出现表面上看起来不一样，但本质上却相同的行为。

比如，嘉嘉有可能不再去碰电灯泡了，但是却可能去碰触其他的电器；也有可能他在家里不再触碰电器了，但换一个环境，他可能还会去触碰。

这是好奇心使然，也是他没有真正搞明白危险所在造成的。

另外，父母打孩子还可能会伤害到孩子的求知欲和好奇心，让他们不敢再对周围世界进行探索。而好奇心一旦受挫，对孩子的创造力、主动学习的精神，都会带来不可估量的负面影响。

由此可见，打孩子可能暂时解决了问题，但实际上却造成了不可估量的损失。

说到打孩子，睿睿妈满脸的无奈：“我也不想打他，但是怎么说他也不听，不打咋办？”

原来，在睿睿妈眼中，睿睿就属于那种刀枪不入的“皮孩子”，在外面经常和小朋友打架。现在，小区里的邻居们都不愿意让自己的孩子和睿睿玩了。

另外，睿睿的嘴特别“硬”，比如，明明是他抢了小伙伴的弹力球，妈妈问的时候，他死不承认，当妈妈将弹力球从他的衣服口袋中搜出来，他依然脖子挺得像个小公鸡。

面对这态势，睿睿妈只得对儿子“痛下狠手”了。

睿睿妈说，其实，打也越来越不好使了，以前一巴掌就管用，现在一巴掌打上去就像挠痒痒，睿睿一点屈服的表现都没有。

不得已，睿睿妈的武力只能升级。其实她每次打完睿睿心里也很难过，但是对于这个“皮孩子”，睿睿妈真不知道咋办了。

美国新罕布什尔大学的摩雷·史特劳斯医生领导的研究小组调查了 807 位母亲，发现打孩子会造成的孩子的逆反行为，这种逆反行为通常有六种情况。

孩子偶尔偷盗或撒谎；对他人态度粗暴或缺乏同情心；做错事后缺乏自信心；常有破坏性或暴力性行为，不服从学校的规定；与教师不能相处融洽等。

睿睿的“皮”实际上就是一种叛逆。只可惜，睿睿妈没有意识到，正是自己经常打孩子的行为造成了睿睿的“皮”。

经常打孩子的父母，其实也存在着不能很好管理自己情绪的问题。习惯打孩子的父母在打孩子的时候，其实已经不是在就事论事，而是借此宣泄自己的情绪了。

面对比自己强大很多的父母，孩子没有反抗能力，在心理上他们除了产生恐惧，也会渐渐地对父母失去信任。而且父母的行为也不知不觉中为孩子树立了一个“榜样”，即遇到问题用武力解决。

所以，当一个孩子在小伙伴中表现出暴力的行为时，做父母的首先应该反省自己是不是给孩子提供了学习暴力的机会。

总之，无论出于什么样的理由，父母打孩子都是不可取的。

这种以强凌弱的做法，要么会激起孩子的逆反，要么会让孩子养成压抑的个性，给孩子留下深深的心理伤害。说到底，打孩子是父母缺少教育方法的一种表现。

面对孩子的种种问题，父母应该冷静下来，去寻找更好的解决方法，而不是通过以强凌弱的体罚行为去管教孩子。不打孩子并不等于孩子做错了事情不给予惩罚，父母多一些耐心，就能找到更适合的惩罚方式。

家教锦囊

暂时剥夺孩子心爱的东西：比如，暂停一次睡前故事，或者不允许孩子抱着玩具小鸭洗脚……类似的做法，其实就是告诉孩子，你做错了事情是需要接受惩罚的。

这样的惩罚不会让孩子陷入恐惧情绪中，父母更有可能将对与错的道理讲给孩子，同时也会让他们记住以后不再犯同样的错误。

写“君子协议”：“如果你再不按时睡觉，妈妈周六就不带你去动物园。”“如果你再不爱护书籍，爸爸以后就不给你买新书了。”家长可以找一张纸，将您与孩子的协议写到纸上，并签上双方的名字。这样的做法可以引起孩子的重视，而家长信守承诺的做法也会树立起自己在孩子心目中的威信。

回避众人法：如果在朋友聚会或者亲人宴席上，孩子发生了错误行为，您不要姑息，也不可以在大庭广众下批评孩子，这会伤害孩子的自尊心。比较好的做法是将孩子带离众人视线，比如，到洗手间或者一个角落指出他行为中的不妥之处。父母这样的行为可保护孩子的自尊心，而自尊心强的孩子也更容易改正缺点。

让孩子的情绪来得更清澈些

有一天，丁丁接到小姥姥的电话，说周末要来北京看望丁丁。丁丁和小姥姥感情甚深，听了这个消息特别兴奋。每天一回到家，就问："妈妈，小姥姥什么时候来呀？"

而且，在小姥姥来的前一天，还自己找老师请了假，说要迎接小姥姥。

他的这份期盼之心可见一斑。

盼来了小姥姥，丁丁第一句话就问："你这次能陪我几天呀？"

小姥姥举着手指说："三天！你星期一上幼儿园，我星期一回去！"

丁丁听了开心极了，当天晚上不再在妈妈身边睡，而是要挨着小姥姥睡，第二天出游也与小姥姥形影不离。

然而，周日早晨，小姥姥却因为一些事情临时改变计划，马上就要回她所在的城市。

我心想，这下丁丁肯定要失望了，而且，一定会大哭一场。

果不其然，当丁丁醒来，看到小姥姥在收拾东西，说准备离京，他便哽咽着问：“你不是说好待三天的吗？这才两天呀！”

“对不起宝贝，小姥姥今天有点事儿，必须马上回去。你不要哭好不好？”小姥姥说道。

可是丁丁还是控制不住情绪，他看到小姥姥要走，转身扑到我怀里“哇”的一声就大哭了起来。

小姥姥赶忙说：“不哭了，不哭了！你再哭，小姥姥下次就不来了，因为你总哭！”

时间紧急，小姥姥要赶车，我冲小姥姥摆摆手，小姥姥临关门时依然在说：“丁丁不哭，丁丁是好孩子哦！”

丁丁依偎在我的肩头呜咽，我一边抚摸着他的后背一边说：“妈妈知道了，你很失望，小姥姥说好要陪你三天的，可是她今天就走了，你还没有跟她玩够呢！”

丁丁哭得更委屈了，他声音颤巍巍地说道：“嗯，我还没有玩够呢！”

“那你想哭就哭一会儿吧，妈妈陪着你！”我说道。

丁丁又趴在我的肩头哭了两分钟，然后便停下来，去玩他的玩具了。我原本以为他会不停地提及此事，但是看他玩玩具时的那份专注、投入，以及轻松愉悦的精神状态，我意识到是我多虑了。这件事情对他来讲已经过去了，已经放下了。

小姥姥发来微信，表达了对此事的愧疚。视频中，看到丁丁开心释然的样子，有些吃惊。而我作为母亲，对孩子那份来得及时的平静，也心生几许羡慕呢！

我不由得感慨 ：“最清澈的情绪，最容易平复！”

当然，孩子这份清澈的情绪，是很容易就会被大人搅浑浊的，这个时候，妈妈能够协助孩子去澄清这些情绪是非常重要的。

比如，小姥姥要违约时，内心其实是有愧疚的，但是，作为成年人，我们常常为在孩子面前表达自己的愧疚感到难为情。而丁丁很自然的哭声，让小姥姥心里也是五味杂陈。在不能疏导和理顺自己情绪的情况下，大人常常会禁止孩子哭，似乎孩子不哭就万事大吉了，实则是难以面对自己内心被搅动的情绪。

而且，在我们很多人的观念中，孩子哭是不乖，不哭才是好孩子。

内心的防御，加上自动的反应，让小姥姥在与丁丁告别时不停地阻止丁丁哭泣。

这个时候，大人实际上是将自己的情绪强加到了孩子的身上。

孩子心中原本因为失望和不舍而产生的伤心情绪，便又多了很多自责、愧疚、无所适从。本来，他是接受自己这个哭的行为的，但是，当他被告知他的哭会带来很多不良后果，比如，他喜欢的人不再来看他，而且他还因为哭，不再是个好孩子时，他的情绪就被搅浑了——孩子既难过需要哭泣，又因为停不下哭泣而害怕，还会因为哭泣而自责。

在这种复杂纠结的情感中，他的情绪不但更难平复，甚至还会形成过分敏感、忧郁的性格。

当然，我们不能要求身边的每个人都懂孩子，但是作为母亲，我们需要了解这一切，因为对于小孩子来讲，对他影响最大的是与他朝夕相处的母亲。

所以，在接下来的一段时间里，我去帮助孩子澄清了他的情绪，告诉他，他哭是因为失望和不舍，也告诉他妈妈允许他哭，想哭就哭吧！

这个时候，妈妈的允许就像一个大容器，让孩子的无所适从有了依靠，让他险些被搅浑的情绪恢复清澈。当他宣泄了情绪时，便能平静了，接受当下事实的力量便也能从心中升腾而起了。

其实，对于小孩子来讲，他们的情绪都是清澈的：饿了哭、不开心了哭、和爸爸妈妈分开了哭……只是，在成长的过程中，被大人的评判所搅动，才变得浑浊纠结。

我深切地记得在我小时候，与自己依恋的人分开也会很伤心，但是我的父母责备说："哭什么哭？不要把心思放在这些事情上，你应该把心思多花在学习上！"

由此一来，我就又多了很多羞愧，而原本伤心的情绪也并未畅快表达。我有时候会忍不住偷偷地哭，怕被大人看见责备，又觉得羞愧，因为自己没有把心思用到学习上。总之，我要用很长的时间，才能平复内心这份情绪。

后来，我学习了心理学，知道了那份思念是美好的，因为思念而流泪也是正常的。比起我的父母，我有更多的途径来提升自己的育儿能力，我很在意在孩子的童年中，尽可能地帮他维护情绪的清澈性。

想当初，帮儿子选择幼儿园时，也是被老师对孩子们情绪的接纳所打动，而毫不犹豫地做出了选择。那天去观园，我看到老师抱着一个哭泣的小女孩，轻轻地抚摸她的后背，期间，当要照顾其他的孩子，老师会将小女孩放下，小女孩就继续坐在那里哭，老师处理完事情后，再继续把她抱起来。

另一个小孩跑过来问："她怎么了？"

老师很平静地说："她想哭一会儿。"

我当时就被这个回答震撼了——"想哭一会儿"。那么平常淡定，像想玩滑梯、想喝水、想上厕所……一样。

果然，过了一会儿，小女孩停止了哭泣，很愉快地投入到了与小伙伴的游戏中，脸上的笑容全然地绽放了。

我儿子入园后，大概有大半年的时间，每天入园都会哭。老师将他抱在怀里，并不阻止他哭泣，而是告诉他："宝贝，与爸爸妈妈分开有点伤心是吧！"

而事实上，当我们走后，我儿子往往很快就能恢复平静，一天的情绪都很好。

我渐渐地意识到，一个孩子敢在一个人面前哭，那正是一种安全和信任；一个孩子往往通过哭，让自己那些激荡的情绪不断地平复、澄清。而妈妈要对孩子的哭泣有一种接纳，如此，他那不小心被外界搅浑的情绪，才能在母亲接纳包容的安抚下，一点点地清晰清澈，进而他们小小的心灵中便能滋长出面对世界的勇气了。

家教锦囊

允许孩子以哭的方式表达情绪：哭是孩子表达情绪的重要方式，千万不要以孩子不哭为目的，而是要以孩子真正平复了情绪为目标。这样在孩子有情绪的时候，我们就不是急于去制止孩子哭，而是能去关注孩子的情绪了。

给孩子哭的时间：有时候，孩子哭一会儿就会平静了，有时候，哭的时间则持续得比较长。这常常是因为孩子在表达对这件事情的伤心时，可能又引发了对其他情绪的感受。这个时候，家长要做的就是有耐心地陪伴，让孩子尽情地去表达。把孩子的哭与孩子对自己的不满区分开，可以帮助家长避免卷入到孩子的情绪中。

把孩子的错误变成孩子成长的资源

每个孩子在成长过程中，都不可避免地会犯错。面对孩子的错误，家长一定要克制住自己的激动情绪，用心去了解孩子犯错的原因，并想出最能帮到孩子的方法。之后，也许你会很感激孩子的那次错误，它让你和孩子都成长了！

最近，涛涛妈妈一回家，听到的第一件事就是涛涛外婆告状："这孩子，脾气越来越差了！""这孩子，今天下午还不停地踢小推车，真不知哪来这么的大脾气。"

晚饭时，三岁半的涛涛，就又当着全家人的面上演了一场"坏脾气"。原因是妈妈端上了西红柿鸡蛋卤，准备将卤拌到面条中让涛涛吃。涛涛想要伸手去够西红柿鸡蛋卤，却被外婆制止了："哎哟，太烫了，外婆帮你拌！"说着外婆端起了有些烫手的小盆，将卤倒入了涛涛的面条碗中。

谁知，就是这么一件事却让涛涛大发雷霆，他尖叫着，在儿童餐椅中使劲地扭动着身体，狠狠地将手中的勺子扔到了地上，还准备将碗一起推掉。

外婆急忙制止涛涛：“你这孩子怎么又发脾气了？”

爸爸看到这一幕，也厉声责备起涛涛来：“你还想不想吃饭了？”

外公则一边批评外婆不应该大惊小怪，一边赶快把孩子扔掉的勺子捡起来。

涛涛继续大声地哭着。

一时间，全家人因为这个突发事件乱作一团。

涛涛妈妈看着这一切，心里有很复杂的感受，她也想像别人一样训斥儿子，但看着儿子那样大哭，也想搞清楚原因，好帮到儿子。她努力控制着自己的情绪，将儿子抱了起来，朝卧室走去，儿子在她怀里挣扎着，她轻拍着儿子的后背。

大概在妈妈怀里哭了十分钟，涛涛渐渐安静了下来。妈妈让涛涛坐在自己的腿上，轻声对涛涛说：“大家正在吃饭，你发脾气大家就没法吃饭了，我们以后吃饭的时候不哭好不好？”涛涛不说话。

“涛涛为什么哭呢？妈妈听着感觉你很生气！为什么生气呢？”妈妈轻柔地安抚着，涛涛的情绪总算是平复了下来。

涛涛妈妈准备带儿子出去吃饭，就在她抱起儿子想将儿子放在地上的时候，儿子挣开了妈妈的手，自己跳下床，开门走了出去。

就在儿子拒绝被抱下床的那一瞬间，涛涛妈感觉到了孩子的一点点小情绪，但因为被允许自己下床，他的情绪很快就化解了。

涛涛妈马上明白了涛涛发脾气的原因——因为姥姥剥夺了涛涛独自端起盆来倒卤的机会，所以涛涛大哭。

由此，涛涛妈想到儿子平时发脾气或许也与姥姥的替代有关系。果然，经过几次观察发现，涛涛发脾气都与姥姥的“帮忙”有关。

涛涛妈妈及时与姥姥做了沟通，姥姥渐渐地开始“袖手旁观”，涛涛发脾气的机率也大大降低了。

亲近的家人之间，情绪很容易互相传染，所以，当孩子发脾气的时候，是非常挑战家长情商的时候。

很庆幸，涛涛妈能及时地从全家人的情绪互动中抽离出来，才有机会找到儿子爱发脾气的真实原因。

心理学家埃里克森把自我意识的形成和发展过程划分为八个阶段，认为人在每个发展阶段都有一种新的主要冲突，每个阶段的冲突如果处理得好，儿童就能够恰当地应对下一阶段将会遇到的危机和问题；反之，将产生危机或出现情绪障碍，出现病态。

三至六岁的幼儿期，被埃里克森认为是“主动对内疚”的阶段。

这个时期，幼儿渴望独立于家长自己做事情。“我来！”“我自己做！”是这个时期儿童经常说的话。但另一方面，当他们没有成功的时候，常常会产生内疚感。

所以，这一阶段家长应该积极回应儿童的独立要求，这会帮助孩子解决这个时期所特有的对立情绪。家长在给儿童提供独立完成任务的机会的同时，还要对儿童的行动给予指导，这样才能支持和鼓励儿童的主动性，促进儿童发展出积极的自我认识。

文中的涛涛表现出了独立完成任务的渴望，但被剥夺机会后，会产生很多的愤怒、挫败情绪。幸亏妈妈发现了问题并与家人沟通，改善了对孩子的教养方式。

家长及时地指出孩子的错误能及时地纠正孩子的行为偏差，但切不可大声嚷嚷，最好是带孩子到单独的空间，或者在孩子耳边做悄悄的提醒。被别人尊重的孩子，也会更尊重自己和别人。

“优优，把鞋穿上，地上凉！”妈妈拿着鞋，想要给两岁的儿子穿上。

“不，不穿鞋！”优优晃着小脚抵抗。

“不可以不穿鞋，地板太凉了，会肚子疼。”妈妈说道。

“不，不，不穿鞋！”优优一边说着一边哭了起来。

“好吧，别穿了，肚子疼了我可不管。”妈妈最听不得优优哭，开始放弃坚持。

优优高兴地笑了，跑到客厅去玩了。

优优妈脱掉鞋子感受了一下地板的温度，的确是冰冰凉呀，按理说，孩子是应该把鞋穿上的。可是，最近这个穿鞋的问题，却让优优妈伤透了脑筋。看着光着脚跑的儿子，优优妈感到无可奈何。

当孩子两三岁时，随着他们进入第一叛逆期，对之前建立起来的一些习惯开始有意破坏。“不！”“不嘛！”是这个时期的孩子经常说的话。

这个时候，就需要家长能弹性对待孩子的叛逆，对于那些无妨大碍，可以调节的习惯要稍微放松，这可以让孩子感受到自我的力量；但对于那些与健康和安全息息相关的习惯，家长则需要用规则来捍卫。

比如，对于优优妈来讲，如果觉得孩子不穿鞋是会影响健康的，那就一定要坚持。这里说的坚持，不但指在当时要温柔而坚定地坚持给孩子穿鞋，同时，在日常生活中，不要因为自己忙，或者因一时情绪变化而给孩子“开绿灯”，家长没有原则的“绿灯”常常会打破了孩子内心的秩序，他们会认为“我也可以不这样做”。

心理学研究发现，比起新建立一个习惯来，那些曾经建立，之后又被父母“放松”的习惯则更难恢复。由此看来，父母对原则的坚持，才会让孩子感到安全和“有法可依”。

“你不想穿鞋对吧！”“妈妈理解，你觉得光脚更好玩！”在孩子对抗的时候，妈妈可以用平静的语气说出孩子的心思。但在行为上，妈妈则要坚持给孩子穿鞋。随着几次尝试下来，孩子会明白，只要在地上走，就必须穿鞋的道理。

给孩子提供两个选择，是缓冲孩子激烈情绪的方法。“你如果不穿鞋，就待在床上；如果你到地上玩，就需要穿鞋！”比起只有一个选择来，两个选择会让孩子觉得更灵活。而妈妈既坚持了规则也给了孩子选择的自由。

妈妈带五岁的琪琪到好朋友家做客，回到家后却发现，琪琪将小妹妹的拇指娃娃带了回来，难怪整个回家途中，琪琪的右手都紧紧攥着呢！

看到女儿拿了别人的玩具，琪琪妈的心里特别紧张，她没想到，女儿会有偷窃的行为。于是，妈妈把琪琪喊过来，厉声说道：“你为什么要把妹妹的拇指娃娃偷拿回来？偷东西警察会来抓你！”

琪琪显然是被妈妈严厉的样子吓坏了，她眼泪汪汪地盯着妈妈说：“对不起，对不起！”

但是为了让女儿不养成小偷小摸的习惯，琪琪妈还是狠心地责骂了女儿一番。挨骂的女儿“哇哇”大哭了起来，琪琪妈妈内心更加五味杂陈，也禁不住潸然泪下。

她真的很为女儿偷东西的事情感到焦虑。

在焦虑的情况下，妈妈容易将孩子的行为上纲上线。比如，琪琪妈妈在看到琪琪拿回了小妹妹的拇指娃后，便认为孩子这是偷窃，并由此联想了很多严重后果。最后，责骂了孩子。

通过妈妈的这一行为，孩子有可能不敢再拿别人的东西了，但是，伴随产生的却是心理阴影——我是坏孩子，警察会来抓我。孩子可能会因此产生怯懦心理。也有一些孩子，当被这么对待时，会认同“自己是个小偷”，他们拿别人东西的行为反倒会被强化。

其实，对于一个五六岁的孩子来讲，他们的道德标准和社会规范都还尚未形成，所以拿成人的道德标准去衡量孩子是不妥当的。

五六岁的孩子，已经知道不经过允许拿别人的东西是不正确的行为，所以，他们会去悄悄改变这一行为。父母是要及时纠正孩子的行为，但切勿用简单粗暴的方式。

父母太严厉、太忽视孩子的需求，或者是家庭成员中有人出现过类似的行为，或者孩子在模仿某个伙伴的行为……这些都可能成为导致孩子出现不经允许拿别人物品的习惯。父母在告诉孩子这是错误行为的同时，也要去弄清楚孩子的行为背后的原因，才能对症下药。

“我们想一想，如果妹妹发现她的拇指娃娃不见了会怎么样？”“如果妹妹不经过你同意，拿走了你最喜欢的洋娃娃你会怎么样？”“我们不可以未经允许拿别人的东西，就像别人没有经过你的同意不可以拿走你的东西一样！”这样的引导会让孩子学会换位思考，从而学会遵守社会规则。

家教锦囊

了解每个阶段孩子的发展特征：家长可以通过阅读书籍或者学习相关的课程，对孩子当下的身心发展特征和接下来半年的身心发展特征进行了解，这样对于孩子突然出现的一些反应，就能做到心中有数了。

正面地理解孩子的特征：其实孩子的每一个行为特征背后，都有很多动机，比如，同样是摔玩具，他有表达不满的成分，也有探究的成分，还有模仿的成分……这么多动机放在这里，建议家长能看到孩子积极动机的部分，并给予反馈和鼓励，再给出建议时，孩子就更容易接受了。